Princípio da Boa-Fé

CAMILA DE JESUS MELLO GONÇALVES

Princípio da Boa-Fé

PERSPECTIVAS E APLICAÇÕES

CAMPUS
JURÍDICO

Editoração Eletrônica
SBNIGRI Artes e Textos Ltda.

Copidesque
Vania Coutinho Santiago

Revisão Gráfica
Maria da Glória Silva de Carvalho

Projeto Gráfico
Elsevier Editora Ltda.
A Qualidade da Informação
Rua Sete de Setembro, 111 — 16º andar
20050-006 — Rio de Janeiro — RJ — Brasil
Telefone: (21) 3970-9300 Fax (21) 2507-1991
E-mail: info@elsevier.com.br
Escritório São Paulo
Rua Quintana, 753 – 8º andar
04569-011 – Brooklin – São Paulo – SP
Telefone: (11) 5105-8555

ISBN: 978-85-352-2917-2

Central de Atendimento
Tel: 0800-265340
Rua Sete de Setembro, 111, 16º andar – Centro – Rio de Janeiro
E-mail: info@elsevier.com.br
Site: www.campus.com.br

CIP-Brasil. Catalogação-na-fonte.
Sindicato Nacional dos Editores de Livros, RJ

P125p

Gonçalves, Camila de Jesus Mello
Princípio da boa-fé: Perspectivas e aplicações / Camila de Jesus Mello Gonçalves. – Rio de Janeiro: Elsevier, 2008.

Inclui bibliografia
ISBN 978-85-352-2917-2

1. Boa-fé (Direito). 2. Ética. I. Título.

07-4465. CDU: 347.13

HOMENAGEM

Ao Dado, ao Dani e à Manu

À família Jesus, à família Gonçalves, à família Pacífico e aos apensos, com todo o meu carinho e afeto.

AGRADECIMENTO

Ao professor Celso Lafer, pela confiança e incentivo, com admiração.

A AUTORA

Camila de Jesus Mello Gonçalves

É juíza de Direito em São Paulo; especialista em novos temas de Direito Civil e Direito do Consumidor, pela Escola Paulista da Magistratura; e mestre em Filosofia do Direito, pela Universidade de São Paulo.

PREFÁCIO

Na sua origem, este livro é a excelente dissertação de mestrado apresentada e defendida pela A. na Faculdade de Direito da USP em 2006. Tive o prazer de ter Camila de Jesus Mello Gonçalves como minha orientada. Desde o início de suas atividades na pós-graduação, estiveram presentes, no cerne de suas preocupações intelectuais, a relevância dos valores éticos e ao mesmo tempo sua compatibilização com o requisito da segurança jurídica no processo que conduz a decisão judicial. Instigada pelo dia-a-dia da sua experiência como juíza, Camila empenhou-se num parar para pensar acadêmico sobre o bom caminho da boa adjudicação. Acabou escolhendo a análise e a discussão do princípio da boa-fé como o meio para lidar com esta problemática.

A discussão do princípio da boa-fé pareceu-me, como seu orientador, muito pertinente. Com efeito, o papel dos valores na experiência jurídica é um dos grandes temas da Filosofia do Direito e a boa-fé se presta a uma discussão do tema, seja na acepção subjetiva de uma disposição do espírito de lealdade e honestidade, seja na sua acepção objetiva de uma conduta norteada por esta disposição, a ser observada na criação, execução e interpretação de direitos e obrigações.

Para sublinhar a atualidade e pertinência do tema escolhido pela A., cabe agregar que uma das características dos ordenamentos jurídicos contemporâneos, em especial o brasileiro, com a Constituição de 1988, é a presença dos princípios e das cláusulas gerais que positivam valores de maneira mais aberta do que as regras. É o que ocorre com a boa-fé no Direito brasileiro.

Princípios e cláusulas gerais proporcionam critérios para o juiz tomar uma posição diante de situações concretas que, no entanto, *a priori*, são indeterminadas, só adquirindo um significado operativo no momento de sua aplicação a um caso específico. A expansão não apenas lógica mas axiológica do Direito é um dos objetivos dos princípios e das cláusulas gerais e é esta a função da boa-fé tal como positivada no novo Código Civil e no Código do Consumidor. Daí para o juiz, com esta abertura da hermenêutica para os valores, o desafio teórico e prático inerente à interpretação e aplicação de princípios e a relevância na sua ponderação de não se perder de vista a segurança jurídica que é uma das propriedades da legalidade num Estado de Direito.

Na condição de orientador de suas pesquisas na pós-graduação também lembrei à Camila, em nossos diálogos, em função da minha vivência específica com o seu tema, que a boa-fé tem uma importância capital no âmbito do Direito Internacional Público. Com efeito, a sua principal fonte – os tratados – nela repousa, pois a base do *"pacta sunt servanda"* é a boa-fé dos Estados que os celebram e devem cumprí-los, como explicita a Convenção de Viena sobre o Direito dos Tratados.

A A., pensando sobre o horizonte acima mencionado, levando em conta os cursos que fez e os diálogos acadêmicos da pós-graduação, foi amadurecendo as suas idéias para dar uma estruturada articulação às inquietações intelectuais que a motivaram. Aprofundou as suas pesquisas e encontrou a sua própria maneira de tratar a boa-fé. O resultado é este livro de indiscutível qualidade, lastreado em excelente bibliografia, que se desdobra em cinco capítulos e se encerra com uma precisa conclusão.

No capítulo I o livro analisa a Ética Antiga, discute Platão e Aristóteles e explora o alcance da conduta virtuosa para tratar da boa-fé, que tem entre os seus componentes a disposição do ser humano para proceder com lealdade e honestidade.

No capítulo II, com muita originalidade vale-se da reflexão de Hannah Arendt sobre a condição humana para mostrar que, no campo da ação, que se caracteriza pela imprevisibilidade, a promessa e o perdão são os meios de se lidar com a necessidade de segurança na teia das relações intersubjetivas. A promessa para assegurar o *"pacta sunt servanda"* requer a objetividade da conduta confiável. Esta é, assim, a ponte entre o âmbito interno (subjetivo) e externo (objetivo) da boa-fé.

Todos os sistemas jurídicos dão um lugar para a boa-fé mas este lugar não é uniforme no tempo e no espaço. Por isso, no capítulo III, para desvendar a importância da confiança na análise do conteúdo substancial da boa-fé, a A. explora a tutela jurídica da confiança na concreção da boa-fé. Daí as considerações sobre o *"venire contra factum proprium"* a *"supressio"* e a *"surrectio"*. Destaco a importância do *"venire contra factum proprium"* que, no Direito Internacional Público, inspirado pelo Direito anglo-saxão, assume a forma jurídica do *"estoppel"*. Lembro, neste sentido, que o *"estoppel"* consagra a coerência como um valor, identificando, na sua preservação, um dos elementos do bem jurídico de uma ordem pacífica. O capítulo se encerra com os laços que a A. estabelece entre a boa-fé e os princípios constitucionais da dignidade da pessoa humana, da igualdade e da solidariedade como veículos do sistema jurídico brasileiro para assegurar a proteção da confiança.

O capítulo IV, em coerente seqüência, trata dos princípios e do que representam como positivação de valores no ordenamento jurídico. Explora a objetivação da boa-fé no Direito brasileiro, levando em conta os princípios constitucionais de justiça e solidariedade.

O capítulo V discute a positivação do princípio de boa-fé no Direito Privado brasileiro; explora o alcance deste valor apontando elementos que se encontram no Direito Romano, no Direito Canônico e na concepção germânica, e indica como o método de ponderação é um instrumento para a realização do valor da boa-fé. A seguir, ao refletir sobre a incerteza e a insegurança jurídica que as cláusulas gerais podem ensejar na sua aplicação, explora o papel dos *"standards"* como critérios de natureza objetiva, aptos para o preenchimento do conteúdo da cláusula geral da boa-fé num caso concreto.

O livro é arrematado com uma conclusão na qual a A., com clareza e precisão, repassa as etapas da sua análise das perspectivas e aplicações do princípio da boa-fé.

Concluo registrando que é com muita satisfação pessoal e intelectual que assino este prefácio. Intelectualmente, porque o livro de Camila de Jesus Mello Gonçalves é uma contribuição original à bibliografia jurídica brasileira. Vai muito além das exigências acadêmicas de um mestrado, que o originou, e comprova como uma boa investigação no campo da Filosofia do Direito alarga a compreensão do Direito Positivo. Pessoalmente, porque uma das alegrias na vida de um professor é ver os seus alunos alcançarem a plena maturidade intelectual, contribuindo, como é o caso de Camila de Jesus Mello Gonçalves, para adensar o repertório do pensamento jurídico brasileiro.

São Paulo, fevereiro de 2008
Celso Lafer

SUMÁRIO

Introdução

Após a formação dos Estados modernos, o Direito estatal passou a fazer parte, de modo perene, das relações entre os homens.

Proveniente, de início, do poder do rei, no Absolutismo, passou depois a emanar do povo, por meio de seus representantes. E, em cada época, o papel do Direito tem sido diferente, em resposta às demandas do momento histórico.

As preocupações com a limitação do poder do Estado e com o fim dos privilégios do clero e da nobreza, que inspiraram a Revolução Francesa, marcaram o início das Codificações, acentuando-se a importância da liberdade, da propriedade e dos contratos, como no Código de Napoleão. Nesse contexto, negar ao juiz qualquer função interpretativa e criativa era exigência que se impunha na busca de uma aplicação neutra e segura da lei, vista como a proteção do interesse dos homens contra o Estado. Essa concepção sinaliza o início da identificação da justiça com a legalidade, que marca o positivismo jurídico.

O individualismo e a valorização da racionalidade e da lógica científica, que caracterizam a era moderna, são outros fatores que contribuíram para a concepção formal do Direito, típica do positivismo estrito, cuja validade estaria intimamente ligada à regularidade do procedimento de criação da norma, independentemente de questões éticas, como a justiça e o valor do ser humano.

Mas a industrialização e o desenvolvimento econômico alteraram profundamente a estrutura da sociedade, produzindo desigualdades e gerando movimentos de reivindicação que clamavam por um Estado intervencionista, o que se refletiu na elaboração e na natureza das leis. Além disso, a história acabou por revelar facetas do homem que, antes, seriam impensadas do ponto de vista da racionalidade e da razoabilidade, como a criação de um sistema para executar a morte de pessoas, organizado burocraticamente pelo Estado. Tal procedimento era contrário à tolerância necessária ao convívio humano, que seria alcançada pelo pacto social, de acordo com Hobbes. As experiências passadas, especialmente as atrocidades cometidas na Segunda Guerra Mundial, demonstraram a insuficiência da forma para garantir um Direito responsável e comprometido com a sobrevivência da humanidade, acentuando as preocupações com valores fundamentais e universais e, assim, aproximando o estudo do Direito da ética.

Verifica-se, pois, a necessidade de pensar o Direito em consonância com os valores atualmente relevantes, como, por exemplo, a preocupação com os direitos humanos e o meio ambiente, enriquecendo o objeto de estudo para além da racionalidade meramente lógico-formal. O homem passa a ser a força centrípeta ou o foco principal a ser protegido pela lei, que declara expressamente o valor humano, sob a fórmula da dignidade da pessoa humana.

O reconhecimento da importância dos valores para o Direito impõe reconhecer sua aproximação a outras normas de conduta, não estabelecidas pelo Estado, mas que permeiam as relações humanas, tratando-se da ética.

Para tratar das inter-relações entre o Direito e a ética ou entre o Direito e os valores, elegeu-se a boa-fé.

A boa-fé vem sendo analisada sob dois prismas: a boa-fé psicológica, interna ou subjetiva; e a boa-fé objetiva, que se exterioriza como padrão de comportamento. Essa segunda concepção ganhou destaque no Direito Privado brasileiro, após o Código do Consumidor e o novo Código Civil. E, por se relacionar à conduta, consiste em paradigma interessante para o estudo do Direito positivo à luz da ética. O fato da inserção expressa da boa-fé em Códigos, cujo caráter normativo vinculante não se discute, torna o tema ainda mais interessante, pois a formação jurídica brasileira ensina que não há palavras inúteis na lei, recomendando a pesquisa sobre o significado e extensão do conceito aberto.

Além disso, a boa-fé está intimamente ligada à confiança, à lealdade e à transparência, necessárias para a construção de relações jurídicas livres, justas e solidárias, o que corresponde a um dos objetivos fundamentais da República Federativa do Brasil, elencado no art. 3º, I, da Constituição.

Nessa medida, a boa-fé pode ser considerada como a incorporação de um valor ao Direito positivo, servindo de norte adequado para um trabalho de Filosofia do Direito, no campo da Deontologia e na investigação das relações entre Direito, valor e justiça.

A apreensão do significado da boa-fé não prescinde da análise do homem, a partir de uma perspectiva do valor como algo imanente da realidade e das relações humanas, que antecede a criação do Direito e acaba por ele incorporado, mediante a intervenção do poder, de acordo com a visão tridimensional do fenômeno jurídico.

Assim, como método de estudo, o homem torna-se o ponto de partida, de acordo com a noção de que a totalidade do conteúdo da boa-fé deve ser apreendida da realidade e das necessidades humanas, fazendo sentir a importância do lastro antropológico e filosófico na avaliação do que seria a conduta de acordo com a boa-fé.

Para tanto, inicia-se pela concepção da ação em Aristóteles, que reconhece a vontade dirigida para fins e a deliberação sobre os meios para alcançá-los como os dirigentes da conduta humana, admitindo o caráter prático e voltado para a ação do estudo da ética. Nessa perspectiva, o filósofo grego trata da virtude e da ação virtuosa, em *Ética a Nicômaco*, obra na qual deixa clara a importância da conduta e a insuficiência do elemento psicológico interno para garantir a formação da consciência ética.

Em seguida, passa-se para a análise do homem feita por Hannah Arendt, segundo a qual o ser se revela pela ação e pelo discurso, para ressaltar a importância da conduta nos relacionamentos humanos. De outro lado, acrescentam-se as características da imprevisibilidade da ação e da necessidade de segurança dos homens entre os seus pares, ressaltadas pela autora, trazendo a promessa e o perdão como opções para tornar possível os relacionamentos humanos. Nessa medida, a boa-fé também não prescindiria de uma dimensão externa a cada ser, para além de seu aspecto subjetivo e psicológico, revelada pela conduta.

Segue-se pelo estudo da confiança, a partir das lições de Aristóteles e Hannah Arendt, demonstrando-se sua relevância para o relacionamento humano independentemente do Direito, cuja proteção se expressa em aplicações da boa-fé objetiva, como o *venire contra fatum proprium,* a *surrectio* e a *supressio.*

No campo jurídico, inicia-se pelo estudo dos princípios, de acordo com a concepção do positivismo estrito, até alcançar o estágio atual, em que se reconhecem os princípios como veículos ou mandatos de otimização de valores, produzindo efeitos vinculantes perante todo o ordenamento. Segue-se pela análise das correntes do pensamento político que desaguaram na concepção objetiva dos direitos, a influenciar a força atual da boa-fé objetiva.

Fixadas essas premissas, afirma-se a boa-fé como princípio e como valor que agrega outros valores, desde o Direito romano, passando pelos significados que lhe foram dados pelo Direito Canônico e pelo Direito germânico, de grande influência na construção dogmática atual da boa-fé, que tanto chama a atenção para seu aspecto objetivo. Na lei, de fato, não há utilização das expressões "objetiva" ou "subjetiva", sendo sempre mencionada a "boa-fé" – que foi interpretada de modo mais abrangente no Direito romano e de forma mais limitada no Direito Canônico e pelo positivismo estrito, dominante na era moderna – restrita ao elemento subjetivo ou interno de cada ser, muito em razão dos valores dominantes em cada contexto histórico-social. O método da ponderação é enfocado, como alternativa para lidar com eventual colisão entre os valores consagrados nos princípios.

Ao lado do princípio da boa-fé, aprofunda-se a cláusula geral da boa-fé, como técnica legislativa que viabiliza a concretização do princípio, permitindo a valoração da conduta em cada caso concreto, sem evitar as críticas que lhe são endereçadas em relação aos reclamos de certeza e segurança jurídicas. Na tentativa de oferecer ao operador opção sobre como manejar a cláusula geral – uma realidade no ordenamento brasileiro –, recorre-se à figura do *standard* como critério objetivo que norteie o preenchimento da cláusula geral de modo racionalmente controlável, evitando o arbítrio.

Por meio da boa-fé procura-se enfrentar o desafio atual de tornar possível o equilíbrio entre bens jurídicos relevantes, por meio da razoabilidade e da ponderação das decisões, sem abrir mão das conquistas do Estado Democrático de Direito quanto à fundamentação das decisões e à segurança jurídica, mediante a inclusão da justiça no objeto do Direito, exatamente por se tratar de um exemplo de valor ético incorporado ao Direito Positivo.

Capítulo 1

A boa-fé sob a perspectiva da ética antiga

1.1. A boa-fé, a moral, a ética e o Direito

Entre as questões morais, encontram-se aquelas que dizem respeito à conduta e ao comportamento individual, às regras e aos padrões segundo os quais os homens costumam distinguir o certo e o errado e são invocados para julgar ou justificar os outros e a si mesmo.[1] Para todos os filósofos que se ocuparam da questão, a moral transcende os costumes, maneiras ou hábitos, bem como as virtudes em sentido estrito do termo (como hábito), tratando-se da distinção absoluta entre certo e errado, apreensível por todo ser humano em sã consciência.[2] Nesse sentido, os procedimentos jurídicos forçam a considerar pontos de vista morais, nos casos em que versam sobre a pressuposição de responsabilidade e culpa pessoal, por um lado, e na crença no funcionamento da consciência, de outro.[3] Trata-se do exemplo da boa-fé, cuja concretização presume a avaliação da conduta de acordo com um parâmetro identificado ao *certo*, possível de ser observado pelo homem, como condição para a exigibilidade de conduta diversa e aplicação de sanção pela violação da norma.

Além do aspecto relacionado ao certo e ao errado, identifica-se outro elemento moral da boa-fé, referente à exigência de coerência.

A importância da coerência entre o ser, sua intenção e sua ação é apontada por H. Arendt, no texto *Pensamento e considerações morais*, quando trata da consciência moral como um repensar, que não fornece prescrições positivas, mas apenas afirma o que não fazer, tratando-se do tipo de pensa-

---

[1] Arendt, Hannah. "Algumas questões de filosofia moral." In: *Responsabilidade e julgamento*, p. 113.

[2] *Idem*, p. 139.

[3] *Idem*, p. 120-121.

mento que é despertado por um crime, ou por opiniões irrefletidas. Segundo a autora, a importância da coerência e o incômodo da contradição decorrem da consciência da interação entre mim e mim mesmo, na qual se examina o que se diz e se faz, pelo pensamento. No campo antropológico, H. Arendt classifica esse pensar não cognitivo como uma faculdade presente em todos que são livres para optar entre a interação consigo mesmo e a possibilidade de esquivar-se dela, definida como inabilidade de pensar, independentemente da cultura ou formação do ser. A possibilidade de se esquivar da consciência moral, do diálogo consigo mesmo, torna o homem suscetível de agir impensadamente e de se deixar levar pelo que os outros fazem, pois está esvaziada sua capacidade de dizer-se o que fazer e do que se arrepender.[4]

Tal esvaziamento da consciência moral, com a respectiva perda da capacidade de dizer-se o que não fazer, assemelha o homem à condição dos seres irracionais, sem capacidade de se orientar por sua razão, com uma atuação meramente instintiva e impensada. Assim, a consciência moral afigura-se como elemento essencial e distintivo do ser humano, podendo-se afirmar que a boa-fé integra a consciência moral, na medida em que pressupõe a verdade consigo mesmo e com os outros, reconhecendo-se a boa-fé como a virtude moral que rege nossas relações com a verdade.[5]

Para Kant, citado por Hannah Arendt, a ação para ser honesto e bom independe de ensinamentos, de ciência ou de filosofia: basta o uso da razão, que distingue o certo do errado, por meio da aplicação de uma fórmula que a mente humana usa sempre que tem de distinguir o certo do errado, fórmula esta denominada *imperativo categórico*. Tal condição racional faria com que o homem jamais desejasse ser mau. Desse modo, quem comete maldade cai num estado de absurdo moral e entra em contradição consigo mesmo e com sua própria razão, que indicava o caminho do bem. Por isso, nas palavras de Kant, deve desprezar-se. A explicação do porquê da insuficiência do desprezo por si próprio, ou do medo desse desprezo, não funcionar para garantir a legalidade, Kant encontrou na capacidade humana de mentir para si mesmo. De acordo com esse raciocínio, a conduta moral depende, antes de tudo, do relacionamento do homem consigo mesmo: ele deve evitar contradizer-se ou colocar-se em posição de desprezo a si mesmo. Isso seria suficiente para que distinguisse o certo do errado e agisse corretamente.[6]

Diante dessas lições, identifica-se o conteúdo moral da boa-fé, pois a verdade e a não contradição consigo mesmo e com os outros – que

[4] Arendt, Hannah. *A dignidade da política*, p. 166-167.

[5] Comte-Sponville, André. *Pequeno Tratado das Grandes Virtudes*, p. 213.

[6] Arendt, Hannah. "Algumas questões de filosofia moral." In: *Responsabilidade e julgamento*, p. 125-131.

correspondem aos caminhos ditados pela razão orientada para o bem, segundo Kant – compõem a boa-fé.

Mas, em toda a filosofia posterior à Antiguidade, persiste a dificuldade de saber como persuadir a vontade a aceitar os ditames da razão. Constatada a insuficiência da norma moral para garantir a coerência e a verdade – e diante de suas imprescindibilidades para o convívio entre os homens –, o Direito incorporou o elemento moral, positivando a boa-fé e garantindo sua observância graças a sua coercibilidade. Assim, reconhece-se o aspecto moral da boa-fé enquanto algo a que se atribui valor positivo, orientando a verdade consigo mesmo e nas relações com os outros. E também como conduta certa e virtuosa, independente do Direito Positivo, mas por ele normatizado. O elemento moral não é o fundamento para a aplicação da boa-fé no Direito, dada a distinção entre a moral e o Direito, mas integra o conteúdo da boa-fé e, nessa medida, facilita a sua compreensão.

O elemento moral está expresso na definição de *bonne foi*, de Elisabeth Zoller, no *Dictionnaire de la Culture Juridique*. Segundo a autora, a boa-fé é composta de três sentidos, podendo ser entendida como critério de interpretação, como uma qualidade moral e como uma crença errada quanto à existência de uma determinada situação jurídica.[7] Sob a denominação de qualidade moral, entende que "estar de boa-fé" implica demonstrar um espírito leal, sincero e honesto, ser fiel à palavra dada e manter suas promessas, opondo-se ao dolo e à fraude e excluindo toda intenção malévola ou hostil.[8] Ou seja, o aspecto moral refere-se à verdade (subentendida na sinceridade e na honestidade) e à coerência, inerente à fidelidade à palavra dada e à manutenção das promessas. Envolve também os âmbitos interno e externo do ser, pois inclui o ânimo subjetivo e sua revelação exterior pela conduta, tratando-se daquilo que o Direito classificou como "boa-fé subjetiva" e "boa-fé objetiva".

A boa-fé pode ser analisada sob dois ângulos: o subjetivo e o objetivo. O primeiro, como o próprio nome indica, está relacionado à avaliação individual e interna do ser sobre determinada situação. Trata-se da "boa-fé-crença", na definição de Adalberto Pasqualotto. O segundo consiste em uma regra ética de conduta, também denominada "boa-fé-lealdade", tratando-se de uma exigência de conduta ética. Como cláusula geral de interpretação dos contratos, a boa-fé pode ser entendida como uma brisa ética que areja a rígida interpretação do Direito, sendo reconhecida pela doutrina como princípio ético supradireito.[9] Assim, percebe-se a íntima ligação entre a boa-fé e a ética,

---

[7] Zoller, Elisabeth. Verbete "*Bonne foi.*" In: *Dictionnaire de la Culture Juridique*, p. 143.

[8] "*La bonne foi est ensuite une qualité morale. Être de bonne foi, c'est faire preuve d'un esprit loyal, sincère, honnête; c'est être fidèle à la parole donnée; c'est tenir ses promesses. Ainsi entendue, la bonne foi s'oppose au dol, à la fraude; elle exclut toute intention malveillante.*"

[9] Pasqualotto, Adalberto. "A boa-fé nas obrigações civis." In: *Edição Comemorativa do Cinqüentenário da Faculdade de Direito da PUCRS*, p. 111-128.

apontada nas definições de boa-fé objetiva, boa-fé como cláusula aberta e boa-fé como princípio.

Para Manuel Antônio Carneiro da Frada, a importância do elemento ético também pode ser detectada na construção do conceito substancial de boa-fé, cujo esclarecimento dogmático busca superar as metodologias descritivas de deveres de comportamento, centrando-se em sua função e na apuração dos fatores que a determinam, evitando render-se a um positivismo aplicativo-jurisprudencial sem norte. Assim, na concretização da boa-fé e no aprofundamento de seu conteúdo parte-se de um critério material preponderante, qual seja o aspecto ético-jurídico da regra de conduta,[10] em torno do qual se afere a substância da boa-fé com maior solidez. O elemento ético faz-se presente na medida em que o padrão de comportamento imposto pela boa-fé remete à conduta proba, leal, honesta e de acordo com a reta consciência, traduzindo um código de comportamento inerente à locução "boa-fé". A análise da probidade, da lealdade e da honestidade dos sujeitos na valoração da conduta, para verificar se esta é de boa-fé ou não, denota que o verdadeiro fundamento da proteção concedida pelo ordenamento é a imposição de razoabilidade ou do *civiliter agere,* decorrente do conteúdo ético na regra de conduta de boa-fé.[11]

Em qualquer função reconhece-se o conteúdo ético da boa-fé, o que torna necessário aprofundar o estudo da ética e das concepções de virtude, ação virtuosa e confiança, para os gregos, em um estudo de Filosofia do Direito sobre a boa-fé.

Os significados da boa-fé no âmbito da Filosofia, da Antropologia e da Sociologia são diferentes do sentido próprio que lhe confere o Direito. Assim, as incursões sobre o tema no campo da Filosofia clássica, especialmente de Aristóteles, e da Antropologia Sociológica, de Hannah Arendt, objetivam fornecer elementos para a apreensão do conceito, mais do que subsídios que legitimem sua aplicação, pois estes se concentram no ordenamento jurídico, como ocorre no Estado Democrático de Direito.

A existência de temas morais é negada por Menezes Cordeiro, tanto na boa-fé subjetiva quanto na boa-fé objetiva. Para o autor, o estudo da boa-fé subjetiva revela a preocupação com a proteção da confiança e com a tutela das realidades materiais subjacentes, concretizando a garantia concedida pelo Direito a esses valores jurídicos. Igualmente, repele a moral como fundamento para o dever de agir de boa-fé, reafirmando que ele decorre da necessidade de respeitar vetores fundamentais do sistema jurídi-

---

[10] Carneiro da Frada. *Teoria da Confiança e Responsabilidade Civil*, p. 446-447.

[11] *Idem*, p. 457.

co, como a confiança e a materialidade das situações subjacentes, que, por obedecerem à linguagem jurídica, são elucidáveis apenas em termos de Direito. E finaliza afirmando que "A Moral só iria complicar".[12]

Por outro lado, o mesmo autor reconhece a existência de temas éticos no âmbito dos institutos filiados à boa-fé, cuja aplicação supletiva incide quando o intérprete-aplicador percebe a injustiça que resultaria de uma decisão baseada nas regras comuns. Admite também a ocorrência de aspectos morais quando se analisa a imoralidade da conduta das partes ou a oposição da ética às decisões fáceis, baseadas nas normas legisladas, impondo ao intérprete a necessidade de pesquisar mais a fundo no sistema uma solução satisfatória. Entre as várias possibilidades de interpretação e solução de um caso, Menezes Cordeiro afirma que o intérprete-aplicador será levado, naturalmente, a rejeitar aquelas que colidam com o perfil ético do caso, atribuindo relevo à moral, na argumentação. Mas, mesmo assim, entende que a boa-fé não traduz uma remissão para a moral, pois, no momento da decisão judicial, as aplicações da boa-fé são juridicamente fundamentadas, controláveis em termos de Direito e recebidas no âmbito jusnormativo.[13]

Essa idéia parece ser compartilhada por Cláudia Lima Marques, quando assevera que o elemento moral da boa-fé decorre da imposição de solidariedade, que envolve as idéias de confiança e cooperação.[14] Ora, a solidariedade é princípio constitucional, revelando que, ainda que sob o título de elemento moral, o fundamento da obrigação de agir de boa-fé encontra-se no sistema jurídico.

O desempenho modesto que Menezes Cordeiro atribui à moral no estudo da boa-fé decorre de sua compreensão do Direito como o sistema mais completo para a regulação do comportamento humano, de modo que, na falta de material de referência jurídica, com mais razão faltará o moral, acrescendo-se a isso o fato de, atualmente, os grandes temas morais serem também temas jurídicos. Assim, entende o Direito como aperfeiçoamento da moral, pois contém um código ético mais completo do que as considerações vagas das doutrinas morais. Além disso, para ele, vincular a aplicação da boa-fé à moral não auxiliaria o preenchimento de seu conteúdo vago e indeterminado, redundando na mitificação da boa-fé, que acabaria por abrir portas ao sentimento ou ao arbítrio.[15]

De fato, a solução segundo a boa-fé não é uma decisão baseada no sentimento jurídico ou de acordo com o critério de eqüidade do julgador,[16]

---

[12] Menezes Cordeiro. *Da boa-fé no Direito Civil*, p. 1.170-1.171.

[13] *Idem*, p. 1.171-1.173.

[14] Marques, Claudia Lima. *Contratos no Código de Defesa do Consumidor*, p. 417.

[15] Menezes Cordeiro. *Da boa-fé no Direito Civil*, p. 1.173-1.175.

[16] Larenz, Karl. *Derecho de Obligaciones*, p. 144.

mas sim uma solução amplamente determinável em sentido objetivo, pois as conseqüências jurídicas não são criadas pelo juiz, mas sim alcançadas por reflexões que partem de pressupostos de caráter objetivo, pertencentes à consciência jurídica geral. [17] Assim, Larenz também parece sustentar a suficiência do sistema jurídico para a aplicação da boa-fé, negando que se baseie em sentimentos ou no subjetivismo do julgador.

Pode-se perceber, assim, que as ponderações que objetivam afastar a boa-fé da conotação de regra moral estão mais voltadas a evitar o esvaziamento da boa-fé no campo do Direito – o que acabaria ocorrendo se preponderasse o apelo moral ou se fosse negado seu fundamento jurídico – do que a negar a importância da ética para a boa-fé ou para o Direito, que os autores reconhecem.

A indeterminação do conceito de "boa-fé", bem como o fato de não ser restrito à área jurídica, outrossim, acabam por tornar mais evidente a preocupação dos operadores do Direito com o afastamento de qualquer conotação moral, observando-se que, em outras searas, o reconhecimento da dimensão moral não inspira controvérsias, como, por exemplo, no caso do conceito de direito da personalidade, no qual tranqüilamente se inclui o direito à integridade moral.[18]

1.2. A boa-fé sob o aspecto da ética filosófica

Feitas essas considerações, partimos para o estudo da boa-fé sob o ângulo da ética.

A perspectiva ética do Direito impõe um esforço hermenêutico de buscar explicações condizentes com as demandas e finalidades atuais de alguns termos utilizados em nossa vida jurídica, como dignidade do homem, eqüidade e boa-fé, por exemplo. Para tratar do aspecto ético do instituto da boa-fé, parte-se da origem da filosofia ética, na tentativa de melhor compreender sua dimensão, pois "a história é a reafirmação mais solene e mais plena da humanidade do homem".[19]

A Antiguidade é marcada por uma concepção do Universo como unidade, o que se constata por três aspectos que integram o processo cosmogônico, de acordo com Cornford: a ordem do mundo, a existência de contrários hostis e a existência de contrários que se harmonizam.

---

[17] *Idem*, mesma página.

[18] Lopez, Teresa Ancona. *O dano estético*, p. 46.

[19] Nery, Rosa. "Idéias do mundo antigo. A equação do justo e o direito das obrigações." In: *Revista de Direito Privado*, nº 20, RT, p. 11.

A característica unitária do mundo antigo revelava-se também pela unidade entre a moral, o direito e a religião, com a preponderância desta última, que dominava os aspectos da vida pública e da vida privada.

A filosofia grega foi um dos fatores que colaboraram para a ruptura dessa unidade, ao basear-se no saber racional e permitir o livre exame de tudo o que existe a partir da razão, enfraquecendo a tradição de fornecer explicações por meio de mitos e simbolismos.

A partir daí, permitiram-se a observação e o aprofundamento do estudo do comportamento humano, bem como daquilo que seria desejável, ou não, do ponto de vista moral, independentemente da necessidade de agradar aos deuses, que pautava o mundo antigo.

A meditação moral dos gregos está ligada a sua preocupação com o duradouro, segundo a qual é mais importante a comunidade, que permanece, do que o homem, cuja vida é efêmera. A ação contém uma marca duradoura e divina, valorada por uma escala axiológica que supera os interesses pessoais,[20] resultando na concepção aristotélica de virtude, segundo a qual o bem se alcança pelo viver bem ou pela conduta virtuosa.

Por isso, a ênfase na ação denota o elemento ético da boa-fé objetiva, na medida em que é um *standard*, um parâmetro objetivo e genérico, indicativo de paradigma de conduta correspondente à atuação do bom pai de família, independentemente do elemento subjetivo do agente.[21] Além disso, o conceito de *fides* engloba os hábitos de firmeza, coerência e lealdade nas relações contratuais, sendo a idéia de "hábito" inerente à concepção antiga de virtude. Cumpre, então, aprofundar tal concepção.

Em grego, a expressão "ética" equivale a "doutrina do caráter",[22] à qual cada filósofo incorporou sua idéia de moral, como o bem, a virtude e a felicidade.

A ética é um subsistema relacional do ser humano (ao lado da ciência, da política e da técnica), com características de subsistema cognoscitivo, prático e instrumental, ao lado do subsistema estrutural, que inclui os subsistemas orgânico, psíquico e espiritual. Seu objeto é a realidade histórico-social manifestada pela ação social e individual ordenada de acordo com fins, que são os valores nela presentes. O agir ético pressupõe uma interação dialética entre razão e liberdade, na qual a relação da consciência moral com o bem define o invariante fundamental da vida ética. Assim, o agir ético individual possui um elemento estrutural, que consiste no ato do sujeito ético, e

---

[20] *Idem*, p. 17.

[21] Marques, Cláudia Lima. *Contratos no Código de Defesa do Consumidor*, p. 181.

[22] Tugendhat, Ernst. *Lições sobre ética*, p. 257.

um elemento teleológico-normativo, que é a finalidade do agir concretizado na realidade.[23]

O agir ético, então, é um ato de liberdade e inteligência, animado pela autodeterminação em vista do fim preponderante sobre todos os outros, que é a auto-realização do ser no bem. Por isso, é no domínio do agir ético ou da moralidade que o ser humano se constitui na auto-expressão de suas formas de existir.[24]

Referir-se ao conteúdo ético da boa-fé, portanto, envolve os dois aspectos filosóficos da ética: um relacionado à ação e o outro, à sua finalidade do bem. De fato, a boa-fé objetiva consiste em regra ética, por se preocupar com a análise da ação e fixar parâmetros de conduta, independentemente do elemento interno de cada um, destacando a importância do agir, que é objeto da ética. Por outro lado, tais parâmetros são buscados no ideal do bom pai de família, que cultiva o hábito do bem, revelando o cunho teleológico da norma.

1.3. Platão e Aristóteles e a fundação da filosofia ética

A busca da essência das coisas por meio da observação e de questionamentos sobre a realidade caracteriza o pensamento de Platão e de Aristóteles, cujas contribuições para o estudo da ética encontram-se principalmente em *A República* e em *Ética a Nicômaco*, respectivamente.

A origem da ética funda-se no paradigma ideonômico introduzido por Platão, em contraste com os paradigmas naturalista e convencionalista dos sofistas.[25]

Para Platão, a definição de moral era evidente a partir da tradição. Por isso, sua preocupação maior era combater os sofistas, os céticos e os iluministas de seu tempo, que defendiam a vida de bem-estar, gozo e poder, contra a sujeição à moral tradicional. A questão centrava-se nos motivos que temos para sermos morais, defendendo-se a idéia de que a vida moral, observada na perspectiva da cidade ideal, é a única vida feliz, em contraste com os sofistas, que questionavam seus interlocutores sobre a renúncia à felicidade em nome de uma vida moral.[26]

Platão desenvolve suas idéias pelo método dialético, ou técnica de investigação conjunta, segundo o procedimento socrático de perguntas e respostas. A investigação conjunta compõe-se de dois momentos: um primeiro,

---

[23] Lima Vaz, Henrique C. *Introdução à ética filosófica 2*, p. 15-16.

[24] *Idem*, p. 19.

[25] *Idem*, p. 12.

[26] Tugendhat, Ernst. *Lições sobre ética*, p. 258-259.

no qual coisas diversas são condensadas em idéia única; e um segundo momento, em que se divide a idéia condensada em suas espécies, de modo a escolher, entre as opções encontradas, qual a apropriada a proceder coerentemente.[27]

Na obra *A República*, Platão aponta a capacidade dialética como instrumento para caminhar, pela verdade, em direção ao próprio Ser, prescindindo dos olhos e dos outros sentidos.[28]

Sua *Teoria das Idéias* é importante para o estudo da ética, pois coloca o bem como vetor na formação do filósofo-rei.

No mito da caverna, a imagem do bem é comparada à luz enxergada por aquele que sai da escuridão e das sombras. A idéia de bem é avistada no limite do cognoscível, sendo a causa de tudo o que há de justo e de belo, bem como a senhora da verdade e da inteligência. Então, é preciso "enxergar" a idéia de bem para ser sensato nas vidas pública e particular.[29]

O bem também é definido como a parte mais brilhante do Ser, parte esta para a qual os homens devem ser educados a se voltar.[30]

A ética desenvolvida por Platão consiste naquela que é hoje denominada ética clássica (contraposta à ética baseada no móvel da conduta), pela qual se parte da natureza do homem para estudar seus fins e os meios disponíveis para alcançar tais fins, presumindo-se o bem como realidade perfeita ou perfeição real, e não como objeto da vontade humana ou das regras que a dirigem (doutrina do móvel da conduta). Em *A República*, a ética apresentada é a ética das virtudes, enquanto em *Filebo* inicia-se a exposição da ética com a definição do bem, como forma de vida que reúne inteligência e prazer na medida certa.[31]

1.4. A ética aristotélica e a importância do hábito para alcançar a virtude moral

Aristóteles introduziu uma distinção entre os diversos tipos de saber, correspondentes a diversos tipos de usos da razão e de discursos. Assim, contribuiu para o desenvolvimento da idéia de sistema, como representação simbólica da realidade, que permite que seja racionalmente ordenada e compreendida.[32]

---

[27] Abbagnano, Nicola. *Dicionário de Filosofia*, p. 269.

[28] Platão. *A República*, 537 *d*, p. 353.

[29] *Idem*. 517 *c*, p. 319.

[30] *Idem*. 518, *c* e *d*, p. 321.

[31] Abbagnano, Nicola. *Dicionário de Filosofia*, p. 380-383.

[32] Lima Vaz, Henrique C. *Introdução à ética filosófica 2*, p. 13-14.

Neste trabalho, a ênfase sobre as lições de Aristóteles será dada à importância que o autor atribui ao hábito, entendido como ação repetida, na construção da idéia de virtude.

A auto-realização no bem foi definida por Aristóteles como *eudaimonia*, ou viver bem. Diferente da felicidade, que é um estado de ânimo, ou da boa sorte, que às vezes nos visita, é condição duradoura que não pode ser mudada, nem é capaz de produzir mudanças. A idéia de ética apresentada por Aristóteles é o protótipo da concepção de ética finalista, segundo a qual se determina a natureza necessária do homem, dela deduzindo o fim para o qual deve orientar-se a conduta humana.[33]

No Capítulo 1, do Livro I, Aristóteles afirma que toda ação e toda escolha têm em mira um bem, de modo que o "bem é aquilo a que todas as coisas tendem".[34] E acrescenta que o fim da ação pode ser a própria atividade ou algo distinto dela, mas, independentemente disso, será sempre direcionada à finalidade do bem.

No Capítulo 2, inicia-se um esforço para determinar o que é o bem e de qual ciência ou faculdade ele constitui o objeto. Para tanto, recorre-se ao estudo da política como ciência que legisla sobre o que devemos, ou não, fazer, tendo por finalidade o bem humano. Esse bem é uma busca do indivíduo e do Estado, que encontra sua plenitude e alcança maior beleza e divindade em relação à nação ou à cidade-Estado.

Aristóteles reconhece que as ações belas e justas investigadas pela ciência política não são passíveis de raciocínios precisos por igual, devendo-se admitir uma variedade e uma flutuação de opiniões. Diante disso, conclui que as ações belas e justas não o são por natureza, mas sim por convenção, devendo-se contentar com a indicação da verdade por aproximação e em linhas gerais.

Essa idéia aplica-se ao conceito de boa-fé objetiva, pois os parâmetros de conduta são estabelecidos, por convenção, a respeito do que é desejado e admitido e do que não é. Por outro lado, a mesma concepção pode ser dirigida às críticas à utilização de cláusulas abertas, baseadas em sua definição imprecisa, pois a impossibilidade de exatidão do conceito não o torna maléfico, sendo possível construir uma idéia de boa-fé "por aproximação e em linhas gerais". Assim, evita-se a insegurança e permite-se a consideração de elementos importantes na formulação de respostas pelo Direito.

Na investigação do mais alto de todos os bens que se pode alcançar por meio da ação, Aristóteles encontra na felicidade o bem supremo, identi-

[33] Arendt, Hannah. *A condição humana*, p. 206.

[34] Aristóteles. *Ética a Nicômaco*, p. 49.

ficado com o bem viver e o bem agir, sendo a ação essencial para a virtude. Não se trata, no entanto, da felicidade no sentido do prazer, riqueza ou honra imediatistas, como a entendem alguns, mas sim da felicidade como grande ideal auto-subsistente e causa da bondade de todos os outros bens.

Para as pessoas refinadas e de índole ativa, na expressão do filósofo, a felicidade identifica-se com a honra, que é a finalidade da vida política. Além disso, os homens buscam a honra para se convencerem de que são bons. Contudo, seria superficial afirmar que a honra é o bem supremo, pois depende mais dos outros do que de si próprio. Assim, conclui Aristóteles, os homens procuram ser honrados para que sejam reconhecidos como tal pelos indivíduos de grande sabedoria prática e, acima de tudo, por sua virtude.

Então, a virtude seria mais excelente que a honra, podendo-se, inclusive, supor que ela, e não a honra, seria a finalidade da vida política.[35]

Os autores de estudos sobre a ética contemporânea retomaram o conceito de virtude como um modo de ser normativo, correspondente ao conceito tradicional de bom caráter, de acordo com as atitudes esperadas pela perspectiva de qualquer um.

Nesse ponto, pode-se vislumbrar o caráter ético da boa-fé objetiva, por se tratar de norma impositiva de comportamento, que institui o padrão do homem probo como paradigma. Aqui não basta a diligência do homem médio, como ocorre na aferição da culpa, esperando-se a retidão de comportamento do bom pai de família para reconhecer a licitude da conduta, em franca absorção da ética pelo Direito.

Quanto à felicidade, Aristóteles admite que nem sempre é alcançada pela virtude, pois é possível que seja virtuoso quem está dormindo, quem é inativo ou, ainda, quem está sofrendo, situações estas em que não se pode reconhecer que o homem está feliz.[36]

De qualquer modo, a virtude moral e a felicidade são fundidas em Aristóteles, enquanto em Platão uma é condição da outra, como ensina Ernst Tugendhat.[37]

No terceiro capítulo do Livro I, Aristóteles segue um método inspirado em Platão, pelo qual investiga a opinião das pessoas sobre a felicidade, na busca de sua compreensão.

No Capítulo 6 ocorre uma ruptura e Aristóteles abandona a opinião dos homens para fixar um novo ponto de partida, que é o próprio objeto investigado: a felicidade. Mas o objeto do estudo não é o sentido da felicidade,

---

[35] Aristóteles. *Ética a Nicômaco*, p. 50-52.

[36] *Idem*, p. 52.

[37] Em sua obra. *Lições sobre ética*, p. 259.

e sim "o bem", tanto no sentido daquilo que em verdade queremos, quanto no sentido funcional daquilo para que algo existe.[38]

O bem universal, assim, passa a ser investigado.

Desde logo, Aristóteles salienta que a idéia de bem possui inúmeros sentidos e pode estar relacionada a Deus, à razão, à virtude, à moderação, à utilidade, à oportunidade ou a lugares apropriados, concluindo que pode ser predicado em todas as categorias.[39]

Pondera, no entanto, que há bens em si mesmos, enquanto outros são bons por produzir, preservar ou afastar os opostos aos primeiros, razão pela qual estes últimos são bons em relação aos primeiros.

Inteligência, visão, honra e sabedoria são exemplos de bens em si mesmos. Ao constatar essa diversidade, afirma que o bem "não é uma espécie de elemento comum que corresponda a uma só idéia".[40]

Cada atividade desenvolve-se com vistas a um interesse (na medicina, por exemplo, a saúde; e na estratégia, a vitória), em busca do qual se realizam todas as ações. Assim, a finalidade é definida como "o bem realizável mediante a ação". A felicidade é o fim absoluto por excelência, sempre desejada por ela mesma e nunca no interesse de outra coisa. Honra, prazer, razão e virtude são buscadas pela crença de que sua posse nos fará felizes, mais do que por eles próprios. Então, conclui Aristóteles, a felicidade é algo absoluto e autosuficiente, sendo também a finalidade da ação.[41]

A felicidade do homem está em realizar bem sua função, isto é, sua espécie de vida, cuja atividade ou ações da alma implicam princípio racional. Para tanto, o comportamento deve ser duradouro, não bastando que aja assim por um breve espaço de tempo. Os bens verdadeiros relacionam-se à alma, classificados em ações e atividades psíquicas. A virtude pertence à atividade virtuosa, pressupondo que se deve necessariamente agir e agir bem (corretamente), para que se alcancem as coisas nobres e boas da vida.[42]

Quanto à boa-fé, é ao mesmo tempo um fato psicológico e uma virtude moral, consistindo na conformidade dos atos e das palavras com a vida interior, no primeiro caso, e no amor e no respeito à verdade, como virtude.[43] O termo *valor* empregado pela Filosofia moderna corresponde àquilo que os antigos denominavam virtude.[44] Nesses termos, a boa-fé, identificada à virtude na Antiguidade, corresponde a um valor para a Filosofia moderna.

---

[38] Tugendhat, Ernst. *Lições sobre ética*, p. 259-261.

[39] Aristóteles. *Ética a Nicômaco*, p. 53.

[40] *Idem*, p. 54.

[41] *Idem*, p. 55.

[42] *Idem*, p. 56-58.

[43] Comte-Sponville, André. *Pequeno Tratado das Grandes Virtudes*, p. 213.

[44] Arendt, Hannah. "Algumas questões de filosofia moral." In: *Responsabilidade e julgamento*, p. 114.

As virtudes podem ser morais ou intelectuais. São exemplos de virtudes morais, além da boa-fé, a liberalidade e a temperança; e de virtudes intelectuais, a sabedoria filosófica, a compreensão e a sabedoria prática. Os hábitos dignos de louvor são o que chamamos de virtude.[45]

A virtude intelectual é adquirida pelo estudo e, por isso, requer experiência e tempo, enquanto a virtude moral é resultado do hábito. Assim, a virtude moral não surge em nós por natureza: somos adaptados a receber as virtudes e nos tornamos perfeitos pelo hábito. Percebe-se, assim, a relevância que é dada à ação reiterada, denominada hábito, para a caracterização da virtude, ficando clara a insuficiência do plano subjetivo interno de cada um, de acordo com Aristóteles.

O relevante papel do legislador, de incutir hábitos bons nos cidadãos, sob pena de falhar no desempenho de sua missão, é destacado pelo pensador, percebendo-se a semente daquilo que se denominou função promocional do Direito.

As virtudes nascem dos atos que praticamos, que estabelecem a diferença de caráter entre o valente e o covarde ou o calmo e o irascível. Essas características são, de fato, modos diversos de reagir diante da mesma circunstância, tornando importante nos acostumarmos a agir desta ou daquela maneira, desde a juventude, na formação do caráter.[46]

O objetivo de Aristóteles não é saber o que é virtude, mas sim o que fazer para nos tornarmos bons, em linhas gerais e não de maneira precisa, pois, para ele, questões de conduta não são rígidas e devem ser consideradas em cada caso. Mesmo em relação à boa-fé, o dever de veracidade cede passo diante de outras virtudes, como a justiça, a compaixão, a generosidade e o amor, demonstrando a inexistência de dever absoluto, universal ou incondicional.[47] Por isso, na defesa de nossa vida, por exemplo, admitimos a mentira, em nome daquilo que acreditamos ser verdadeiro.

A virtude está relacionada com prazeres e dores, na medida em que orientam a conduta do homem. A excelência moral está ligada a tais sensações, pois o temperante é aquele que se abstém de prazeres corporais e se deleita com a própria abstenção, enquanto o intemperante se aborrece com ela. Quem enfrenta coisas terríveis com prazer, ou ao menos sem sofrer, é bravo, enquanto quem sofre é covarde. Por causa do prazer, praticamos más ações e, por causa da dor, abstemo-nos de ações nobres.[48] O esforço racional

---

[45] Aristóteles. *Ética a Nicômaco*, p. 64.

[46] *Idem*, p. 67-68.

[47] Comte-Sponville, André. *Pequeno Tratado das Grandes Virtudes*, p. 222-223.

[48] Aristóteles. *Ética a Nicômaco*, p. 68.

consiste, portanto, em praticar ações tendentes ao bem, ainda que não signifiquem especial prazer.

Evitar agir e ficar impassível, a fim de esquivar-se de comportamento inadequado, não é suficiente para atingir a virtude, pois esta se encontra na conduta e não prescinde de "como se deve ou não se deve" e de "quando se deve ou não se deve", novamente ficando clara a importância da ação para a ética aristotélica. Acrescenta o grego que não basta praticar atos que estejam de acordo com a virtude; é necessário fazê-lo de forma justa e temperante, o que é alcançado pela reunião de certas condições: ter conhecimento do que faz, escolher os atos por eles mesmos e agir imbuído de caráter firme e imutável.[49]

As ações são chamadas justas e temperantes quando praticadas por homens justos e temperantes, preocupados em agir bem, sem se refugiar na teoria.[50] Assim, a consciência quanto à justiça do ato é relevante para Aristóteles, sendo a nota distintiva entre o homem justo e o bom cidadão. De fato, o homem justo adere à teleologia social e carrega o gérmen da boa ou da má conduta, cultivando o hábito das ações virtuosas conscientemente, enquanto o bom cidadão restringe-se a aderir ao quadro prescritivo da legislação, apenas captando modelos de exterioridade, sem conhecimento de causa ou aderência da vontade. Exatamente neste ponto reside a distinção entre o Direito e a Moral para Aristóteles, que entende por jurídicas as ações de acordo com a legislação, as quais não são necessariamente ações virtuosas.[51]

A virtude é uma disposição de caráter e se refere ao modo como sentimos as paixões (medo, alegria, cólera, por exemplo). Não se trata de faculdade, a qual Aristóteles relaciona à capacidade de sentir as paixões.

A virtude do homem também é a disposição de caráter que o torna bom e o faz desempenhar bem sua função. Esse bom desempenho está ligado à idéia de meio-termo entre extremos, entre o que é excesso e o que é falta, sendo que este meio-termo não é um só e o mesmo para todos. Deve ser buscado e escolhido não em termos absolutos, mas considerando-se as particularidades de cada homem. Assim, o que seria alimentação equilibrada para um atleta pode não ser para um artista.[52]

Para o filósofo grego, visar ao meio-termo é atributo da virtude moral, pois é ela que diz respeito às paixões e ações, nas quais existem o excesso e a falta e que pressupõe a escolha do homem racional, dotado de sabedoria prática, quanto a uma forma de agir.

---

[49] *Idem*, mesma página.

[50] *Idem*, p. 71.

[51] Bittar, Eduardo. *A justiça em Aristóteles*, p. 108-109.

[52] Aristóteles. *Ética a Nicômaco*, p. 71-72.

Por isso, a virtude é definida como uma mediania, um meio-termo entre o vício do excesso e o vício da falta. Contudo, quando se trata da justiça e do bem supremo, a virtude é um extremo. Do mesmo modo, existem coisas que são essencialmente más (inveja, despeito, assassinato), nas quais é impossível encontrar um meio-termo que leve à virtude. Assim, nos extremos, onde há excesso ou falta de algo, não é possível o equilíbrio ou o meio-termo, assim como não há excesso ou falta na mediania.

Na lição de Aristóteles, existem, assim, três espécies de disposição ante as paixões e as possibilidades de ação: duas extremas, uma em cada pólo (excesso e deficiência), denominadas vícios, e uma no meio-termo, que corresponde à virtude moral.

Aristóteles acredita que o meio-termo corresponde a uma conduta certa, que deve ser buscada como objetivo de vida pelo homem, mediante a harmonização do elemento instintivo com o princípio racional, de modo que a obediência e a disciplina são alcançadas quando o apetite se subordina ao princípio racional.[53]

A virtude moral é uma disposição de caráter relacionada com a escolha, que se baseia no desejo. Então, para que a escolha seja acertada, o desejo deve ser reto, assim como o raciocínio deve ser verdadeiro. Esse tipo de intelecto e de verdade são práticos, ligados à ação. Quanto ao intelecto contemplativo, o bom e o mau estados correspondem à verdade e à falsidade.[54]

A boa-fé é uma virtude que faz da verdade um valor, e a ela se submete.[55] Como virtude, também está relacionada ao meio-termo. Por isso, na explicação do que seria o homem verídico, o autor grego afirma ser aquele que ama a verdade e recusa a mentira, por fabulação ou omissão, mantendo-se "entre gabolice e dissimulação, entre fanfarronice e segredo, entre falsa glória e falsa modéstia".[56]

1.5. Relevância do tema para o momento atual

A sociedade contemporânea é extremamente diversa da grega. Mas o tempo e a complexidade das relações típicas da sociedade de massa não foram suficientes para tornar ultrapassadas as idéias de bem geral, mal e virtude, entre outras, tornando relevante o debate sobre a ética no Direito, mormente após a Segunda Guerra Mundial, quando ficou demonstrada a insuficiência da regra jurídica, obediente à hierarquia normativa e ao sistema lógico-formal, para garantir a razoabilidade no convívio humano.

---

[53] *Idem*, p. 98.

[54] *Idem*, p. 142.

[55] Comte-Sponville, André. *Pequeno Tratado das Grandes Virtudes*, p. 217.

[56] *Idem*, mesma página.

As lições dos gregos tornam-se atuais no debate sobre a boa-fé objetiva, especialmente, na medida em que, por meio desse instituto, se estipula um padrão de conduta que prestigia a confiança, a lealdade e a cooperação, identificadas com a realização do bem, por meio da ação, em concepção semelhante à da amizade (*philia*) aristotélica. Ressalta-se a importância da ação na definição jurídica do fato, transcendendo os elementos puramente subjetivo e interno, que marcam o individualismo, mediante a imposição de deveres de conduta. A partir daí, não basta estar de boa-fé, mas é necessário agir de acordo com os parâmetros de conduta da boa-fé, inspirados no ideal do homem probo, denominado o bom pai de família, sob pena de ilicitude, o que será aferido singularmente diante das particularidades de cada caso concreto.

A dialética aristotélica, outrossim, reaparece, na análise de Luciano Benetti Timm, reacendendo a concepção do Direito como problemático, isto é, como um método, uma arte de solução de problemas concretos por meio de discussão e enfrentamento, o que se coaduna com o método de aplicação da boa-fé. No século XVII, essa concepção do Direito foi esvaziada, em razão da preocupação de dotar o Direito do mesmo rigor lógico das ciências naturais, acreditando-se que a aplicação do método axiomático dedutivista, próprio da Física, livraria o Direito do mundo da incerteza. Além disso, objetivava-se alcançar a segurança jurídica pela subsunção do fato à lei, como método capaz de garantir que ao mesmo problema jurídico fosse fornecida sempre a mesma resposta, independentemente do jurista, desconfiando-se da atividade do juiz, que deveria ficar estritamente adstrito à lei.[57]

Nesse ponto, a introdução de cláusulas gerais e a ênfase nos princípios, como a boa-fé, denotam o reconhecimento da distinção entre o Direito e as ciências naturais; e, mais do que isso, da necessidade de incorporação de elementos morais na regulação de comportamentos humanos, sob pena do enfraquecimento do Direito. De fato, a assepsia do Direito, fundamentada na preocupação com o seu rigor científico, acabou por afastá-lo da realidade humana. Longe de fortalecer o sistema, isso apenas o torna artificial e pouco efetivo, além de ter permitido a violência do Estado contra seus cidadãos, amparado na lei, durante a Segunda Guerra Mundial. Nesse contexto, o método de solucionar problemas por meio da razão prática, orientada pela lógica do razoável, no exercício da racionalidade e com base em critérios para um julgamento racional, afigura-se uma alternativa para lidar com os con-

[57] Sobre estas idéias, conferir Luciano Benetti Timm, "O novo paradigma contratual: o direito social como uma nova racionalidade normativista sociológica?" In: *Código de Defesa do Consumidor e o Código Civil de 2002: convergências e Assimetrias*, p. 347-349.

teúdos morais das normas inseridos em cláusulas abertas e princípios, como a boa-fé, sem abrir mão da segurança jurídica, aí entendida a insegurança como arbítrio do julgador.

A imposição, pela boa-fé, de deveres anexos aos de prestação, como o de solidariedade nos contratos de planos de saúde,[58] por exemplo, denota a importância do coletivo ou do corpo social para a realização das expectativas pessoais.

Também nesse ponto estabelece-se relação entre a ética antiga e a atual, incorporada na norma da boa-fé, pois Platão e Aristóteles vislumbravam uma relação entre a virtude moral e a felicidade, cuja idéia estava ligada à vida na *polis* e ao alcance do viver bem, por meio do bom desempenho de sua função. Então, para alcançar a felicidade era necessário ser bom e virtuoso, consciente de sua relevância para o coletivo, desde então se reconhecendo a importância da comunidade, do respeito e da colaboração com o outro, para a satisfação ou o bem individual. Assim, a solidariedade acabava sendo condição para a felicidade, fim último a ser perseguido pelo homem.

Ora, a preocupação com o outro foi esvaziada na Idade Moderna, com a ascensão da burguesia e a valorização da liberdade individualista, que marcou as primeiras codificações. O individualismo trouxe, entre outras, as conseqüências de desvalorização da solidariedade e da função social, além da perspectiva da lei como instrumento de proteção da liberdade individual. Nesse contexto, pode-se afirmar que o Código de Defesa do Consumidor e o Código Civil, em vigor em 2003, baseiam-se em um novo paradigma contratual, norteado pela ética eudemônica, recuperada como ferramenta auxiliar e complementar, uma vez que o primado da autonomia da vontade e da justiça identificada com a liberdade foram substituídos pelas noções de justiça, como equilíbrio, e pelo respeito ao bem comum.[59] Assim, o novo paradigma ético deixa de identificar a justiça com a liberdade, voltando a entendê-la como virtude social e relacional, do equilíbrio dos méritos, das trocas, das necessidades sociais próprias da ética eudemônica,[60] justificando o sucinto estudo das lições de Aristóteles em um trabalho sobre a boa-fé.

---

[58] Marques, Cláudia Lima. *Contratos no Código de Defesa do Consumidor*, p. 417.

[59] Timm, Luciano Benetti. "O novo paradigma contratual: o direito social como uma nova racionalidade normativista sociológica?" In: *Código de Defesa do Consumidor e o Código Civil de 2002: convergências e Assimetrias*, p. 350.

[60] *Idem*, p. 351.

Capítulo 2

A boa-fé sob a perspectiva antropológica de Hannah Arendt

2.1. A revelação do ser pela ação e pela palavra. A "teia de relações" e o Direito

Como já asseverado, sob o enfoque psicológico a boa-fé consiste na conformidade dos atos e palavras com a vida interior, partindo-se para o estudo do homem, destinatário e criador do Direito, a fim de se ter melhor compreensão dos fundamentos do princípio.

Para aprofundar o estudo da boa-fé sob o aspecto antropológico, escolheu-se Hannah Arendt, cujos pensamentos sobre a revelação do ser pela palavra e ação indicam a importância da boa-fé para o relacionamento humano, por necessidades próprias e anteriores ao Direito. Nesse sentido, Hannah Arendt ressalta a importância do convívio para a afirmação da individualidade, e da promessa e do perdão como opções para lidar com a insegurança provocada pela imprevisibilidade.

No livro *A condição humana*, Hannah Arendt estabelece a ação e o discurso como modos pelos quais cada ser impõe sua singularidade, afirmando que nos inserimos no mundo humano por meio das palavras e dos atos. O nascimento corresponde ao início da ação do indivíduo, e é da natureza de todo início a incerteza inerente ao começo de algo novo. A natalidade é a primeira efetivação da condição humana, pois corresponde à primeira ação. O discurso, por sua vez, é a efetivação da condição humana da pluralidade, pois distingue cada um de seus iguais, afirmando a individualidade do ser humano.[1]

---

[1] Arendt, Hannah. *A condição humana*, p. 189-191.

As qualidades reveladoras do discurso e da ação surgem quando as pessoas estão no gozo do convívio humano, e não necessariamente pró ou contra as outras.[2]

A revelação pela ação e pelo discurso torna impossível a solidificação, em palavras, da essência da pessoa viva, dada a fluidez dos elementos que a compõem. Essa fluidez tem profundas conseqüências para toda a esfera dos negócios humanos, traduzidas na insegurança decorrente da inexistência da mediação estabilizadora e solidificadora das coisas, o que torna incertas as relações humanas, no sentido de não se tratar de algo concreto.[3] Essa insegurança não passa despercebida pelos homens, que tendem a valorizar tudo que limita ou torna previsíveis as possibilidades do desenrolar da ação, como ocorre no caso das normas morais e, ainda mais, com as jurídicas.

A revelação do agente pela ação e pelo discurso ocorre em um plano objetivo, quando seu conteúdo corresponde ao mundo das coisas e aos interesses objetivos, específicos e mundanos. Nesse caso, as relações entre os homens são mediadas pelo mundo objetivo. Mas, além do concreto, as relações também ocorrem em um plano subjetivo, intangível e imaterial. Isso porque a revelação do humano pela ação e pela palavra ocorre quando os homens falam e agem diretamente uns com os outros, independentemente do conteúdo relacionado ao mundo das coisas. O processo de agir e falar não produz um conteúdo concreto e materializado, mas sim uma realidade intangível, que Hannah Arendt chamou de "*teia de relações humanas*," cuja realidade é tão real quanto o mundo das coisas.[4]

A esfera dos negócios humanos consiste na teia de relações humanas que existe onde quer que os homens vivam juntos; ou seja, as relações intersubjetivas dependem da coexistência dos homens e formam um vínculo imaterial e não concreto, independentemente de seu objeto.

Além do racional e palpável, a revelação humana ocorre em um plano psicológico, interior e irracional, que não tocamos, mas percebemos e consideramos, até mesmo involuntariamente, quando agimos e nos relacionamos.

Isso ocorre em todas as relações, mesmo que seu objeto seja material e mundano, pois, independentemente do objetivo perseguido pelo homem, sua ação o revelará como sujeito único, distinto dos outros e singular.[5]

Afirmar a revelação do ser por meio de suas palavras e atos denota a importância dessas formas de expressão, não apenas perante os outros, mas

---

[2] *Idem*, p. 192.

[3] Arendt, Hannah. *A condição humana*, p. 194.

[4] *Idem*, p. 195.

[5] *Idem*, p. 196.

também na construção do próprio eu. A coerência e a não contradição entre atos e palavras, por sua vez, referem-se ao aspecto moral da personalidade, como visto no item 1.1, deste trabalho. A partir daí, demonstra-se que a consideração do discurso e da conduta ao aquilatar o comportamento de boa-fé encontra raízes na relevância dessas formas de expressão para a própria revelação humana, não se tratando de criação do Direito. Ao contrário, representa a sensibilidade do legislador para com aquilo que é relevante no contato e para o convívio entre os homens, reconhecido já no Direito romano, no qual se considerava o elemento "conduta" na avaliação da boa-fé (hoje identificada com a boa-fé objetiva), transcendendo o elemento subjetivo nas ações de boa-fé (*bonae fidei iudicia*).[6]

Assim, cada ação corresponde a um novo início, que incide sobre uma teia de relações já existente, nela imprimindo conseqüências imediatas. A preexistência da teia, com suas inúmeras vontades e intenções conflitantes, dificulta que as ações atinjam seus objetivos. Mas, graças a esse meio, a ação produz história. A história de cada um é o produto de suas ações e seus discursos durante a vida e, olhando para trás, torna possível identificar a individualidade do autor daquela história, revelada por meio da ação e do discurso.[7]

Para Hannah Arendt, toda ação, política ou não, somente é possível no contato com os outros; estar isolado é estar privado da capacidade de agir.[8]

Segundo a autora, a ação e o discurso de um são circundados pela teia de atos e palavras de outros homens, mantendo-se em permanente contato. Por isso, o autor nunca é simples agente, mas também – e ao mesmo tempo – paciente. A ação de um provoca no outro uma reação, que é uma nova ação, com a mesma característica da primeira, de iniciar algo novo. Portanto, jamais podemos limitar as ações e as reações entre pessoas a um círculo fechado, circunscrevendo suas conseqüências ao âmbito particular entre elas, pois o menor dos atos traz embutida a semente do ilimitado. Em outras palavras, as relações estabelecidas pela ação, independentemente de seu conteúdo, têm a tendência de violar todos os limites e transpor todas as fronteiras.[9]

Ou seja, a ação pressupõe a existência do grupo, ao mesmo tempo que o grupo sujeita todos às ações dos demais, gerando uma interdependência que requer a instituição de paradigmas para garantir padrões mínimos que devem ser observados pelos homens, necessitados de imprimir suas ações na teia de

---

[6] Verbete *Buona Fede nel Diritto Romano*, in *Digesto delle Discipline Privatische*, p. 131.

[7] Arendt, Hannah. *A condição humana*, p. 196-197.

[8] *Idem*, p. 201.

[9] *Idem*, p. 203.

relações para construir suas histórias. Além da promessa e do perdão, que Hannah Arendt afirma serem formas de lidar com a imprevisibilidade da ação – como será visto no item 2.4 *infra* –, a boa-fé consiste em outro instrumento facilitador do convívio. Isso porque institui um parâmetro ético de conduta e prescreve comportamentos retos e leais que prestigiem a confiança, atenuando, assim, a insegurança inerente à inexistência de limites para a ação.

Por outro lado, a imprevisibilidade da ação e das relações entre os homens denota a fragilidade das leis, das instituições humanas e de todos os assuntos relativos à coexistência dos seres, independentemente de sua fragilidade física e natural, como destacou Hannah Arendt. De fato, as limitações legais não são defesas absolutamente seguras contra a ação vinda do próprio corpo político, pois não conseguem neutralizar a tendência, inerente à ação, de violar todos os limites. Por essa razão, todo o aparato jurídico interno e internacional não é suficiente para proteger contra a inerente imprevisibilidade da ação.[10] Embora consistam nos meios atualmente disponíveis para a regulação do convívio humano, correspondentes ao estágio de desenvolvimento atual do homem e do Direito, não oferecem garantia de segurança absoluta.

Nessa medida, reafirma-se a relevância da boa-fé sob outro enfoque, no caso, o moral. Isso porque a insuficiência dos ordenamentos jurídicos para neutralizar os perigos da ação humana faz voltar a atenção para o homem, como agente potencial de praticar o mal ou agredir o corpo social, levando a pensar na importância do elemento moral como um meio auxiliar para persuadir o homem a escolher o caminho do bem. De fato, o elemento moral da boa-fé já foi destacado neste trabalho, no item 1.1, afirmando-se que a consciência moral pode promover a autolimitação do ser, voltado a evitar o desconforto inerente à contradição interna, em prol de valores éticos e morais. Desse modo, pode auxiliar no controle da insegurança própria à conduta humana, na medida em que a consciência moral estimula a conduta refletida e coerente com os valores humanos.

A imprevisibilidade não decorre apenas da impossibilidade de prever todas as conseqüências lógicas do ato, mas também do fato de que somente depois de efetuada a ação pode-se conhecer a história por ela construída, que se estabelece após o instante fugaz do ato. Ou seja, o pleno significado da ação só é revelado depois que ela termina. Por isso, o narrador da história, com o olhar retrospectivo do historiador, é quem melhor apreende o significado da ação.[11]

Neste ponto, passa-se a aprofundar o tema do juízo, como faculdade humana.

---

[10] *Idem*, p. 204.

[11] *Idem*, mesma página.

2.2. Considerações sobre o juízo

A revelação do ser pela ação pressupõe um juízo retrospectivo, cumprindo tecer breves considerações sobre o juízo.

O juízo pode ser definido como uma qualidade da mente, no sentido do bom senso; como o ato da mente, de negar ou afirmar proposição; ou como uma faculdade distinta das outras, como o pensar e o querer, que seria a acepção de H. Arendt, citada por Celso Lafer, a cujas lições na obra *A reconstrução dos direitos humanos* recorre-se nestas breves considerações.[12]

De acordo com o professor Celso Lafer na obra citada, o juízo, do latim, deriva de ação de julgar, traduzindo o ato do juiz como tal, de dizer o Direito, que é o objeto da justiça. Então, significa a determinação ou definição do justo, para São Tomás. Já para Aristóteles, o juízo jurídico manifesta perspectiva do juiz sobre o justo ou o injusto em relação a fato passado/caso concreto, de acordo com a lei.

O juízo pode ser retrospectivo, do ponto de vista de quem observa os fatos; ou prospectivo, da parte de quem atua (observador e ator, respectivamente). Este último, caracterizado pela identificação de uma meta, precede a ação a que a vontade dá início.

Para Hannah Arendt, citada por Celso Lafer, o juízo é a faculdade que o observador e o ator têm em comum, atribuindo importância à ação e à observação do passado em suas reflexões no acompanhamento do julgamento de Eichmann em Jerusalém.

O juízo aparece, do ponto de vista do ator, como essencial para a afirmação da singularidade de cada ser, por meio do juízo prospectivo anterior à ação, bem como para sua revelação aos outros, mediante a retrospecção, que revela o agente por sua ação.

A importância do juízo, neste trabalho, fundamenta-se na relação entre a boa-fé e a conduta, a partir da qual a boa-fé é avaliada pelo juiz, que pratica operação mental sobre fatos passados (caso concreto), antes de decidir sobre a licitude (boa-fé) do comportamento, em autêntico juízo retrospectivo.

No campo do Direito, o juízo – ou a reflexão humana – sofreu influência direta de cada pensamento que predominou a seu tempo, desde a tradição clássica até o Direito contemporâneo, o que foi objeto de análise de Celso Lafer, em sua obra *A reconstrução dos direitos humanos*. De acordo com o professor, enquanto Aristóteles descrevia a prudência como virtude, baseada no saber prático e no juízo refletido, o jusnaturalismo, marcado pelo

[12] Lafer, Celso. *A reconstrução dos direitos humanos*, p. 275-296.

racionalismo, rompeu com esse paradigma, na tentativa de enquadrar o Direito como ciência demonstrativa, à semelhança da Geometria e da Matemática.[13] O juízo, que levava em conta considerações de valor e da moral, passou a ser o resultado de operação lógica e o produto do silogismo jurídico, pelo método da subsunção, despido da preocupação com a prudência e sem a necessidade de refletir antes de deliberar. Tal processo caracteriza o juízo determinante, na terminologia de Kant, que identifica o juízo teórico e o prático, prescrevendo sempre a subsunção do particular a uma lei previamente prescrita ao entendimento.[14]

Essa foi a tônica do século XIX, que prevaleceu até ficar patente o descompasso entre a realidade social e o Direito formalmente válido, o qual trouxe o inconveniente da redução da efetividade do sistema jurídico em relação a seus destinatários.

A partir daí, prossegue o professor Celso Lafer, a preocupação dos jusfilósofos foi identificar o sentido e a finalidade das normas, a par das configurações sistemáticas da ordem normativa, tanto na perspectiva subjetiva (intenção do legislador), quanto na objetiva (potencialidade da norma para alcançar o resultado almejado), causando impacto na interpretação e na aplicação do Direito.

A reflexão sobre a finalidade da norma promoveu a concepção de que os juízos e as decisões judiciais não são meramente declaratórios e reprodutivos de um Direito preexistente, mas sim constitutivos de um Direito atualizado, substituindo o rigor do silogismo formal, do juízo determinante, por um juízo mais afim da deliberação prudencial, de um saber por aproximação.[15]

Essa flexibilização do juízo, no Direito, ressalta a importância dos princípios e das cláusulas abertas, que são as normas dependentes de integração, pelo juiz, para sua aplicação, permitindo um campo de interpretação mais amplo.

No caso da boa-fé, o julgador, no papel de observador, a que refere H. Arendt, analisa a ação para sobre ela emitir um juízo deliberativo da licitude ou ilicitude da conduta. O processo mental inerente ao juízo, nesse caso, não se esgota no silogismo ante a indeterminação do conceito "boa-fé", tornando necessário o recurso a padrões de comportamento, ou *standards* de conduta, que não estão plenamente contidos na norma, e são aferidos com base nas circunstâncias de cada caso concreto. Esse processo é marcado pela análise

---

13 Obra citada, p. 277.

14 *Idem*, p. 279.

15 *Idem*, p. 281-282.

da conduta também sob a ótica da razoabilidade, exigindo ponderação por parte do julgador, como resultado de uma preocupação com o significado e a finalidade da norma impositiva da boa-fé, para além do rigor cognitivo.

Na lição de Celso Lafer:

> E, no pensar o significado do Direito, o modelo hermenêutico mostrou claramente que o juízo jurídico não é determinante, pois a lógica da experiência jurídica é a do razoável, como mostrou Recasens Siches, vale-se da tópica para pensar e resolver problemas concretos, como apontou Viehweg, e baseia-se num raciocínio que busca persuadir e convencer diante da impossibilidade de demonstrar, constituindo-se, por isso mesmo, como uma retórica, na análise de Ch. Perelman.[16]

Ainda que o tema da justiça esteja fora do objeto deste trabalho, cabe acrescentar que a busca do significado e da finalidade da norma pressupõe não perder de vista critérios de justiça que legitimem a ação do juiz, no exercício da hermenêutica construtiva, como asseverou Celso Lafer. Então, o estabelecimento do conteúdo da boa-fé, no caso concreto, também não prescinde da preocupação com a justiça e, portanto, com o valor na interpretação da lei, em lugar de uma aplicação rígida e irrefletida da norma jurídica.

A perspectiva do olhar retrospectivo do narrador pode ser relacionada à posição do juiz, que, a partir das alegações das partes sobre fatos já ocorridos, valorará a conduta (ou as ações) de cada um, a partir das normas e das especificidades do caso concreto.

2.3. A importância do convívio para a formação do espaço da aparência e facilitação da via política

Na convivência entre os homens, a ação e o discurso criam um espaço de aparência, no qual cada um aparece e se revela ao outro assumindo uma imagem explícita, em vez de se contentar com a mera existência.[17]

Esse espaço de aparência permite, então, significar as relações humanas, que deixam de simplesmente existir como um dado físico para constituir aquilo que Hannah Arendt chama de realidade política. Para a autora, nem sempre esse espaço de aparência existe, pois a maioria dos homens não vive nele, ainda que seja capaz de falar e de agir, privando-se da realidade que, humana e politicamente, é o mesmo que aparência. O espaço de aparência precede a toda e qualquer constituição de esfera pública e independe de organização política, passando a existir sempre que os homens se reúnem por meio da ação e do discurso.

---

[16] Lafer, Celso. *A reconstrução dos direitos humanos*, p. 282-283.

[17] Arendt, Hannah. *A condição humana*, p. 211.

A realidade do mundo é garantida para os homens pela presença dos outros, que aparecem a todos, "pois chamamos de existência àquilo que aparece a todos; e tudo que deixa de ter essa aparência surge e se esvai como um sonho – íntima e exclusivamente nosso mas desprovido de realidade".[18]

À partir daí, fica clara a importância do convívio entre as pessoas para garantir a sensação de real existência no mundo físico, de cada um. Por isso, são relevantes as regras e os comportamentos que permitem o convívio saudável dos homens e tendem a evitar a destruição ou o conflito, do que a boa-fé é um exemplo.

Na lição de Hannah Arendt, o espaço de aparência constituído pela ação e pelo discurso existe potencialmente, mas não efetiva nem definitivamente, pois depende da agregação dos homens e da continuidade de suas atividades de agir e falar. O espaço potencial de aparência, ou a esfera pública, é mantido pelo poder, entendido como um potencial de poder que não se confunde com a força, pois passa a existir quando os homens agem juntos, e desaparece quando eles se dispersam, demonstrando a importância do coletivo para a existência do poder e da esfera pública.

O poder da comunidade política só existe quando a palavra e o ato não se divorciam e quando as palavras são empregadas para revelar realidades – e não para velar intenções.[19]

Essa concepção de H. Arendt sobre a importância da coerência entre a ação e a palavra para a constituição e a afirmação efetiva do poder revela a importância de tal coerência nas relações entre os homens, em geral, pois dependem de um espaço comum em que possam se reconhecer para assegurar suas próprias existências reais. Esse espaço é garantido pelo poder de se auto-afirmar e se proteger contra violações externas.

A capacidade humana de ouvir, de preservar e de reconstruir um espaço político está relacionada com a proteção da comunidade contra o totalitarismo, que se alicerça sobre a ideologia do "tudo é possível" e sugere a meditação sobre o mal radical. Na busca de um mundo não totalitário, de outro lado, deve-se recorrer à resistência e à possibilidade de renascimento inerentes à condição humana.[20] Para H. Arendt, na leitura de Paul Ricoeur, a

---

[18] *Idem*, mesma página.

[19] *Idem*, p. 212.

[20] *"Si la possibilité du monde totalitaire est à chercher dans une méditation sur le mal radical, la possibilité du monde non totalitaire est à chercher dans les ressources de résistance et de renaissance contenue dans la condition humaine en tant que telle. Dans la mesure même où l'hypothèse centrale du totalitarisme repose sur le `tout est possible`, une citoyenneté sensée et une action raisonnable doivent reposer sur l'hypothèse inverse d'une constitution de la nature humaine, justifiée elle-même par sa capacité d'ouvrir, de préserver, ou de reconstruire un espace politique"* Paul Ricoeur, préface de "Condition de l'homme moderne", p. 13.

interpenetração dos termos *domínio público, espaço de aparência, teia de relações humanas* e *revelação do ser* constitui condição para uma via política, único domínio autenticamente comum e público,[21] atribuindo-se à política o papel de engenharia social, na regulação das relações humanas, como se apreende pelo seguinte trecho: "*Quand la politique devient le seul apanage d'ingénieurs sociaux, l'homme, le porteur de l'action, l'homme, le citoyen, est absorbé par le travailleur-consommateur*".[22] Isso remete ao homem mecanizado e esvaziado de sua possibilidade de pensar, quando não integrado ao espaço comum. Essa concepção da relevância da via política e da agregação entre os homens como condição para o seu desenvolvimento pleno ressalta a importância de elementos facilitadores do convívio, do que são exemplos a confiança e, em última instância, a boa-fé.

De fato, afirmar a importância da congruência entre o falar e o agir não deixa de ser destacar a importância da confiança e da boa-fé na constituição do espaço comum que permite a afirmação de cada um, como ser diferente, entre iguais. Por isso, o comportamento contraditório não é em regra admitido sociologicamente, por "configurar atentado contra expectativas fundamentais de continuidade da auto-representação, que respeitam também a identidade do parceiro e a sua relação bilateral", nas palavras de Teubner.[23]

A ação só pode ser julgada por critério de grandeza, diversamente do comportamento humano que, desde os gregos, é julgado por padrões morais, levando-se em conta motivos, intenções, objetivos e conseqüências. Isso porque é da natureza da ação violar padrões consagrados e ir além das verdades cotidianas, pois tudo o que inicia é único e *sui generis*.[24] O ato vivo e a palavra falada são as maiores realizações de que os seres vivos são capazes, o que corresponde à noção aristotélica de *energeia* ou efetividade, que designa as atividades que são um fim nelas mesmas, cujo significado se esgota no seu próprio desempenho. A ação e o discurso, nessa perspectiva de Hannah Arendt, não objetivam um fim outro que não seja a própria atividade de revelação, de tal modo que o resultado da obra corresponde ao processo.

Diante da consideração de ação como um fim nela mesma ou como a revelação de algo desconhecido até então, certa é a essencialidade do espaço de aparência e da confiança para que seja atribuído significado à ação, pois, "sem o espaço da aparência e sem a confiança na ação e no discurso como

---

[21] "*Tout ces termes s'interpénètrent: domaine public, espace d'apparence, réseau humaines, révélation du `qui`. Prises ensemble, elles constituent la condition d'une vie politique". (...)"Le domaine authentiquement `comum`, public, c'est le domaine politique"*, *idem*, p. 23.

[22] *Idem*, p. 24.

[23] Menezes Cordeiro. *Da boa-fé no Direito Civil*, p. 750.

[24] Arendt, Hannah. *A condição humana*, p. 217.

forma de convivência, é impossível estabelecer inequivocamente a realidade do próprio eu, da própria identidade, ou a realidade do mundo circudante".[25]

Assim, a esfera pública contém conotação singular no pensamento de Hannah Arendt, como sendo o espaço mundano de que os homens necessitam para aparecer, se reconhecer e se relacionar. O senso comum, caracterizado pela identidade entre as percepções individuais sobre um objeto externo, possibilita afirmar a existência da realidade global. Nas palavras da autora: "O único atributo do mundo que nos permite avaliar sua realidade é o fato de ser comum a todos nós."[26] Por isso, o declínio do senso comum implica a alienação em relação ao mundo. Ora, a idéia de senso comum está intimamente ligada às idéias de razoabilidade e de *standards* de conduta, fornecendo paradigmas que acabam sendo aceitos por fazerem sentido na comunidade. Nessa medida, exsurge a relação entre o espaço de aparência, a confiança baseada na ação e no discurso e os padrões de conduta que dão conteúdo à boa-fé objetiva.

2.4. A imprevisibilidade da ação: a promessa e o perdão como alternativas. A importância da boa-fé

Hannah Arendt faz uma análise da ação como processo, característica do fim da era moderna, em que a atitude contemplativa do cientista passou a ser substituída pela intervenção nos processos naturais, pela modificação de condições originais e pela introdução de novos fatores, cujos resultados eram incertos. Tanto a ciência natural quanto a ciência histórica desenvolvem-se com base em processos desencadeados pela ação. Assim, segundo a autora, a fragilidade dos negócios humanos fica substituída pela imprevisibilidade do resultado da ação.[27]

Tal imprevisibilidade é percebida de várias formas: quem age não sabe exatamente o que está fazendo e acaba sendo culpado por conseqüências que jamais previu ou desejou; o processo iniciado pela ação jamais termina num único ato ou evento; e seu verdadeiro significado jamais se revela ao ator, mas somente àquele que não participa da ação. A resposta do homem a essa realidade é se afastar da esfera dos negócios humanos, por não ser capaz de suportar o ônus da irreversibilidade e da imprevisibilidade do processo da ação, desvalorizando a liberdade, que pode tornar o agente vítima de si mesmo.[28]

---

[25] *Idem*, p. 218.

[26] *Idem*, p. 221.

[27] *Idem*, p. 244.

[28] *Idem*, p. 245.

Os perigos da ação são percebidos a partir do descontrole do resultado do processo por ela desencadeado, que, além de imprevisto, pode ser irreversível. E o desconforto é intenso, a ponto de comprometer o valor da liberdade, pois de que valeria a liberdade de agir se não se tem a possibilidade de manter o resultado dentro do âmbito do desejável ou, ao menos, do previsível.

Por outro lado, o homem precisa do convívio com seus semelhantes para garantir a percepção de sua existência, pois, como já visto, a convergência do sentido de vários confirma a realidade concreta do mundo, sendo essencial o espaço público entre os iguais para a afirmação da singularidade de cada um. Assim, torna-se essencial possibilitar o desenvolvimento e o fortalecimento da teia de negócios humanos para a sobrevivência sadia da espécie, impondo-se a necessidade de encontrar saídas para os problemas da irreversibilidade e imprevisibilidade da ação e da incerteza do futuro.

Para Hannah Arendt, a solução para a irreversibilidade, que torna impossível desfazer o que se fez, é a faculdade de perdoar; e a solução para a imprevisibilidade é a faculdade de prometer e cumprir promessas. A primeira faculdade serve para desfazer os atos do passado, libertando-nos de eventuais erros e permitindo-nos prosseguir agindo; e a segunda, serve para criar ilhas de segurança na incerteza do futuro, vinculando os homens pela promessa para tornar contínuas e duráveis suas relações, além de viabilizar a conservação da identidade pela obrigação de cumprir as promessas. Ambas as faculdades dependem da pluralidade e não se realizam na solidão e no isolamento.[29] Então, perdoar e prometer são, além de necessários para permitir a liberdade de agir e de conviver, faculdades que dependem do grupo (pois se perdoa alguém ou se é perdoado por alguém, do mesmo modo que se promete a alguém), caracterizando-se assim a relação dialética entre tais faculdades e o espaço público e a teia de relações humanas.

O perdão de que trata a autora não se confunde com o perdão do cristianismo, que é uma conseqüência do amor. Para H. Arendt, a possibilidade de perdão baseia-se no respeito entre os homens, cuja esfera nos negócios humanos é mais ampla que a do amor. Identificado com a *philia* aristotélica, "o respeito é uma espécie de amizade sem intimidade ou proximidade; é uma consideração pela pessoa, nutrida à distância que o espaço do mundo coloca entre nós, consideração que independe de qualidades que possamos admirar ou de realizações que possamos ter em alta conta".[30] Então, o respeito ao outro, que viabiliza o perdão, independe de especial afeto ou ad-

[29] *Idem*, p. 248-249.
[30] *Idem*, p. 254-255.

miração, bastando a consideração decorrente do reconhecimento da semelhança entre os indivíduos, cuja singularidade não elimina a igualdade.

A relação entre o perdão e a boa-fé, por sua vez, tem dois vieses. O primeiro está intimamente ligado ao estabelecimento de condições que tornem viável o convívio entre os homens, pois a crença no perdão do outro autoriza a ação, ainda que seu resultado seja imprevisível; enquanto sem a boa-fé, que é composta também pela confiança, tal crença acabaria comprometida. O outro ponto de ligação entre a boa-fé e o perdão encontra-se no cristianismo, uma vez que a possibilidade do perdão decorre da fé do homem no perdão divino, nas lições de Jesus,[31] enquanto a expressão *bona fides* originou-se do acréscimo do adjetivo com conotação moral (boa) ao conceito religioso de fé (*fides*).[32]

As forças estabilizadoras das faculdades de prometer e firmar alianças são percebidas desde Abraão e aparecem já no sistema legal romano, sob a fórmula do *pacta sunt servanda.*[33] Assim, exsurge clara a relação entre a promessa e o contrato, pois, para H. Arendt, a força que mantém as pessoas unidas "não é o espaço da aparência no qual se reúnem nem o poder que conserva esse espaço público – é a força da promessa ou do contrato mútuo".[34] Ou seja, o estabelecimento de vínculos entre as pessoas é essencial para mantê-las unidas, sendo tal união importante para que cada um afirme a sua individualidade e se reconheça como único entre iguais, dando realidade à existência, revelando-se, nessa medida, a suprema importância do contrato. A boa-fé, por seu turno, integra as condições que tornam possíveis as alianças contratuais, e está intimamente relacionada com a promessa de que trata H. Arendt, pois é integrada pela confiança, sem a qual as promessas não teriam qualquer valor. A fé, outrossim, está tradicionalmente relacionada à promessa entre iguais.[35] Neste aspecto, justifica-se a busca do lastro antropológico da boa-fé, nas lições da autora sobre a promessa.

---

[31] Evangelho segundo São Mateus 6:14,15: "Porque, se perdoardes as ofensas dos outros, vosso Pai celeste também vos perdoará. Mas, se não perdoardes aos outros, vosso Pai também não vos perdoará as ofensas." No mesmo sentido a oração do Pai Nosso, quando se pede o perdão a Deus: "...perdoai as nossas ofensas, assim como nós perdoamos a quem nos tem ofendido..."

[32] *Digesto delle discipline privatistiche*, verbete *Buona fede nel diritto medievale e moderno*, p. 135: "*Di fronte ad una locuzione alla quale danno vita un sostantivo d'intonazione religiosa- fides- (1) ed un aggetivo che lo qualifica in senso morale – bona –, i giuristi si arrestano prudenti, forse ispirati dalla massima 'omnis definitio periculosa est in iure', riconoscendo che 'bonae fidei verbum varie sumitur' (2), ovvero che 'bonae fidei verbo plura continentur'*".

[33] Arendt, Hannah. *A condição humana*, p. 255.

[34] *Idem*, p. 256.

[35] *Digesto delle discipline privatistiche*, verbete *Buona fede nel diritto romano*, p. 131: "*Esaminiamo ora la nozione più tradizionale della fides in quanto promessa, cioè l'aspetto egualitario della nozione stessa.*"

A imprevisibilidade da ação humana tem dupla origem: a não confiabilidade fundamental dos homens, que jamais poderão garantir hoje o que serão amanhã; e a impossibilidade de se prever as conseqüências de um ato numa comunidade de iguais, onde todos são dotados da mesma capacidade de agir. Se, por um lado, tais conseqüências tornam imprevisível o convívio, de outro, decorrem da liberdade do homem e da alegria de conviverem uns com os outros, pois a pluralidade confere dimensão à realidade.[36]

A faculdade de prometer torna possível confiar no futuro, na tentativa de lidar com a imprevisibilidade da ação. Para que as promessas mantenham seu caráter de vinculação e, portanto, atenuem a imprevisibilidade, é necessário não abusar da faculdade de prometer, "pois quando se pretende abarcar todo o futuro e traçar caminhos seguros em todas as direções, as promessas perdem seu caráter de obrigatoriedade e todo o empreendimento torna-se contraproducente".[37]

Nietzsche chamou a faculdade de prometer de "memória da vontade", enxergando-a como a verdadeira diferença que distingue a vida humana da vida animal.[38] Segundo H. Arendt, a moralidade não tem outro apoio senão a boa intenção de neutralizar os enormes riscos da ação, por meio da disposição de perdoar e ser perdoado, de fazer promessas e cumpri-las. Para a autora, esses preceitos morais são os únicos que não são exteriores à ação; ao contrário, decorrem diretamente da vontade de conviver com os outros na modalidade da ação e do discurso, consistindo em mecanismo de controle para lidar com a irreversibilidade e imprevisibilidade da ação.

Fica, então, ressaltada a importância da promessa para a união do grupo e para a formação do espaço público que permite o desenvolvimento dos vínculos. A partir daí, pode-se explicar a preocupação do homem, quando cria a lei, em tornar obrigatória a promessa por meio do *pacta sunt servanda*, por exemplo, na tentativa de garantir o cumprimento do contrato pela sanção ao descumprimento. A importância da promessa e do cumprimento da palavra dada é reconhecida pelo Direito, subtraindo do homem a faculdade de escolher se cumprirá ou não o prometido mediante o uso da força inerente à sanção. Nessa medida, percebe-se a importância da confiança como condição para que se atribua força vinculante à promessa, já que, diante da desconfiança, ou não se promete ou não se acredita na promessa.

---

[36] Arendt, Hannah. *A condição humana*, p. 256.

[37] *Idem*, mesma página.

[38] *Idem*, p. 257.

Capítulo 3

Boa-fé e confiança nos contratos

3.1. A confiança como componente da *philia* aristotélica

A confiança corresponde a algo a ser alcançado na realidade, para servir de pano de fundo das relações humanas. Os homens precisam reunir-se e agregar-se para conferir realidade à própria existência e criar a teia de relações para o desenvolvimento dos negócios humanos. Para isso, é necessário lidar com a irreversibilidade e a imprevisibilidade da ação por meio do perdão e da promessa, o que torna essencial a confiança nas relações humanas, para que se possa crer na sinceridade do perdão e na verdade da promessa.

A importância da confiança para o relacionamento humano foi destacada por Aristóteles, em suas lições sobre a amizade (*philia)*, que qualifica como virtude e como uma das exigências mais imprescindíveis da vida.[1]

Na perspectiva aristotélica, a amizade, como qualidade espontânea do ser que se dirige a seu par para com ele dividir experiências, dificuldades e habilidades, é símbolo de harmonia e indispensável ao convívio social, no qual o homem realiza sua sociabilidade e sua vida política. Ou seja, independentemente de qualquer prescrição normativa, existe a necessidade de agregação, pela qual a alteridade se constrói, a partir da mútua referência entre os homens.[2]

Em seu sentido pleno, a *philia* caracteriza a interação subjetiva desprovida de toda intenção de prejudicar, marcada pela reciprocidade, pela espontaneidade, pelo auxílio mútuo, pela confiança e pela igualdade,[3] revelando-se a inspiração daquilo que hoje se espera dos parceiros contratuais, observadores da boa-fé.

---

[1] *Ética a Nicômaco.* Edipro, 2002, p. 215.

[2] Bittar, Eduardo. *A Justiça em Aristóteles*, p. 132.

[3] *Idem*, p.133.

Para o desenvolvimento da amizade, não basta o desejo. É necessário demonstrar que se é digno da amizade e da confiança do outro, de modo que a mútua confiança e a incapacidade de fazer mal ao outro são características presentes na verdadeira amizade.[4]

A frustração da confiança, que ocorre quando alguém é ludibriado ou enganado pela simulação de um amigo, é entendida como falta grave, pois "quem ludibriou é um criminoso pior do que um falsificador de moeda, uma vez que o crime por ele praticado concerne a algo mais precioso do que o dinheiro", considerando-se que a falsificação de dinheiro era julgada crime gravíssimo em Atenas, punível com a morte.[5] Ressalva Aristóteles que isso só vale na hipótese de existir um comportamento anterior que justificasse a confiança inspirada no outro, uma vez que se nada no comportamento do amigo garantisse a hipótese do outro, este só poderia culpar a si mesmo, pela má percepção. Assim, para Aristóteles, a expectativa criada pela confiança no comportamento do outro valia tanto quanto a promessa ou a palavra dada, ensejando a punição daquele que não correspondesse à expectativa criada no outro pelo seu comportamento.

A *philia* é encarada como uma forma de relação que se estabelece entre pessoas virtuosas, capazes de manifestações de sentimento de amizade desinteressada, completa e duradoura.[6]

3.2. A importância da confiança no desvendar do conteúdo substancial da boa-fé

A importância da confiança para o estudo da boa-fé decorre de ser apontada pela doutrina majoritária como explicação principal da origem dos deveres decorrentes da boa-fé, ainda que, por vezes, seja possível descrevê-los sem qualquer alusão à tutela da confiança.[7]

A confiança corresponde à situação em que a pessoa adere a certas representações passadas, presentes ou futuras, que tenha por efetivas, influindo em sua atividade ou crença.[8]

Na lição de Karl Larenz, o princípio da boa-fé significa que cada um deve manter fidelidade à palavra dada e não frustrar a confiança do outro, ou dela abusar, já que esta integra a base indispensável de todas as relações humanas.[9] Ao mencionar a "base indispensável das relações humanas", o au-

---

[4] Aristóteles. *Ética a Nicômaco*, p. 220-221.

[5] *Idem*, p. 246.

[6] Bittar, Eduardo. *A justiça em Aristóteles*, p. 133.

[7] Carneiro da Frada. *Teoria da Confiança e Responsabilidade Civil*, p. 433.

[8] Menezes Cordeiro. *Da boa-fé no Direito Civil*, p. 1.234.

[9] *Derecho de Obligaciones*, tomo I, p. 142.

tor reconhece a importância da confiança para a formação e a manutenção de condições que permitam aos homens se relacionar, assim como a impossibilidade de formação de vínculos sem a confiança. Essa perspectiva da essencialidade da confiança fundamenta-se em visão sociológica da personalidade, segundo a qual os indivíduos formam sua identidade em sociedade, de modo que expectativas comuns e a confiança de que tais expectativas vão continuar a ser compartilhadas são um fato constitutivo da vida social.[10]

Larenz também ressalta a importância do valor objetivo contido nas palavras *fidelidade* e *confiança*, na elaboração do juízo valorativo do qual resultará a aplicação da boa-fé. Isso porque, o autor admite, a boa-fé não fornece regra apta a ser aplicada, necessitando de concreção, por meio de juízo valorativo, segundo as exigências do momento e do lugar. E prossegue afirmando que não se trata de juízo por critério subjetivo, devendo ser atendidas as exigências gerais de justiça, de acordo com a consciência jurídica do povo ou do setor social, e observando-se o conteúdo objetivo dos valores da confiança e fidelidade, inclusive de acordo com a jurisprudência, no julgamento de casos análogos.[11]

Desse modo, a solução segundo a boa-fé não é baseada em sentimento jurídico ou critério de eqüidade, mas sim uma decisão em que é necessária a concreção do princípio, plenamente demonstrável em sentido objetivo, com base nas circunstâncias particulares do caso,[12] entre as quais a confiança das partes.

Assim, a proteção da confiança constitui um dos elementos objetivos que é considerado na concretização da boa-fé. A idéia da confiança repete-se nas diversas manifestações da boa-fé, seja como algo efetivo, depreendido de várias concretizações do fenômeno, seja como tentativa de explicação, apresentada em conjunturas diversas.[13] Em outras palavras, a confiança opera como fundamento à limitação de Direito Subjetivo, nas concretizações da boa-fé como o *venire*, por exemplo, e como argumento objetivo e racional para essa mesma limitação.

A elaboração científica de uma doutrina da confiança é dificultada pela especialização dos juristas e por algo que M. Cordeiro denomina "irrealismo metodológico",[14] entendido como uma tendência de pensar os temas figurativos do Direito, como a confiança, com base em metadiscursos, em vez de pensá-los a partir da matéria retratada.[15]

---

[10] Macedo Jr, Ronaldo Porto. *Contratos relacionais e Defesa do Consumidor*, p. 181.

[11] *Derecho de Obligaciones*, Tomo I , p. 143.

[12] Larenz, Karl. *Derecho de Obligaciones*, tomo I, p. 144.

[13] Menezes Cordeiro. *Da boa-fé no Direito Civil*, p. 1.234.

[14] *Idem*, p. 1.238.

[15] *Idem*, p. 1.241.

As implicações da confiança são inúmeras, ensejando a busca de sua sede legal para além da legitimação formal axiomática, pois ainda que se reconheça um aspecto moral da confiança, não é nele que se pretende encontrar fórmulas concretas de compor litígios.[16] Além da lei, o estudo da jurisprudência é útil, pois um estudo pormenorizado dos institutos em que a confiança se manifesta auxilia na sua aproximação ao sistema, transcendendo as afirmações pontuais de uma tutela da confiança.[17] Por isso, a aproximação da confiança à boa-fé objetiva é de suma importância, tratando-se do veículo normativo que permite a consideração do tema da confiança, com apoio seguro no sistema.

Tal aproximação foi levada a termo por Eichler, que relacionou a confiança à lealdade contratual e à própria relação obrigacional, afirmada como relação de confiança, colorida pela regra universal da boa-fé. A confiança dependeria do relacionamento pessoal entre as partes, apresentando-se como "elemento de confiança subjetivo" nas cláusulas gerais. Por isso, para Eichler, "o princípio de comportamento segundo a boa-fé quer dizer que se deve atuar como, no tráfego, se é de esperar uns dos outros". [18]

A garantia da boa-fé e a manutenção da confiança formam a base do tráfico jurídico e, em particular, de toda vinculação jurídica individual, aplicando-se a todos os ramos do Direito.[19] Ora, isso revela a essencialidade da boa-fé e da confiança para o próprio relacionamento humano, independentemente do jurídico, tal qual asseverado por Hannah Arendt e exposto neste trabalho, demonstrando a interpenetração da Filosofia Antropológica no Direito.

A existência de uma relação de confiança entre os intervenientes distingue a exigência da conduta de boa-fé da exigência de conduta ajustada socialmente, de acordo com os bons costumes. Esta última deriva da condição social do homem e é exigível em todas as situações, inclusive naquelas em que não se aplica a boa-fé, como no exemplo de Larenz, segundo o qual vários credores exigem do devedor uma mesma coisa, vendida várias vezes. Já os requisitos da boa-fé ultrapassam essa medida porque pressupõem uma vinculação especial e uma determinada confiança das pessoas que intervêm.[20]

A confiança, para Niklas Luhmann, citado por Menezes Cordeiro, constitui a base de um comportamento para o ser, no plano sociológico.

---

[16] *Idem*, p. 1.241-1.242.

[17] *Idem*, p. 1.239.

[18] Menezes Cordeiro. *Da boa-fé no Direito Civil*, p. 1.240.

[19] Larenz, Karl. *Derecho de Obligaciones*, tomo I, p. 144.

[20] *Idem*, p. 145.

Niklas Luhmann destacou o papel sociológico da confiança como fator que exclui possibilidades de desenvolvimento de comportamentos humanos, afastando perigos cuja concretização comprometeria a atuação. Ou seja, excluem-se as possibilidades de comportamento atentatórios à confiança, cuja gravidade dificultaria a ação do outro, caso se admitisse sua ocorrência. Desse modo, a confiança permite diminuir a complexidade social, dispensando planejamentos que, em si, seriam possíveis, mas se tornam desnecessários com base em juízos de confiança.[21]

A caracterização de situação de confiança não decorre de dedução ou indução, prossegue Menezes Cordeiro, mas de uma multiplicidade de dados mesclados de saber e não saber, racionalizados, para dar conta da função de elevar o potencial do sistema para enfrentar sua complexidade, pois sem a confiança só seriam possíveis fórmulas muito simples de cooperação humana.

Assim, fica estabelecido o papel da confiança de estimular o desenvolvimento de atividades por alguém, a partir da crença em representações do outro, permitindo o relacionamento humano, no plano sociológico.

Por outro lado, deve ser ressaltado que a confiança no âmbito do Direito Contratual opera de modo particular, pois a tipificação do contrato torna predeterminado seu percurso, sendo que a confiança de que isso será observado decorre mais da prévia tipificação do que de expectativas de comportamento, sobretudo num mundo pautado por relacionamentos impessoais. Por isso, sociologicamente, o próprio Direito funciona como fator de confiança, pois a repetição de suas manifestações conduz à previsibilidade, propiciando a redução das complexidades.[22]

A confiança está presente tanto na boa-fé objetiva quanto na boa-fé subjetiva, tratando-se de crença passível de proteção jurídica, quer situada no âmbito interno do ser, quer revelada externamente por sua conduta. Na lição de Menezes Cordeiro, a confiança constitui uma ponte entre a boa-fé objetiva e a boa-fé subjetiva, devendo assentar em ambas.[23] No plano dogmático, a boa-fé subjetiva corresponde à disposição específica de tutela da confiança, enquanto a boa-fé objetiva encerra a tutela da confiança por conceitos indeterminados e provenientes de institutos gerais.[24] Além disso, a boa-fé subjetiva representa o momento essencial da confiança, enquanto a boa-fé objetiva confere-lhe base juspositiva para sua proteção, quando faltar base legal específica – ambas explicando sua dignidade jurídica, cuja proteção transcende o campo civil.[25]

---

[21] Menezes Cordeiro. *Da boa-fé no Direito Civil*, p. 1.242.

[22] *Idem*, p. 1.243.

[23] *Da boa-fé no Direito Civil*, p. 1.238.

[24] *Idem*, p. 1.244.

[25] *Idem*, p. 1.250.

A proteção da boa-fé possessória, tradicionalmente vinculada à boa-fé subjetiva, equivale à proteção da confiança do possuidor. A regra *posse vale título*, consagrada no art. 2.279/1, do Código de Napoleão – segundo a qual o adquirente de boa-fé tornava-se proprietário ainda que o alienante não fosse proprietário – corresponde à proteção exclusiva da confiança, respondendo às necessidades do momento histórico, em que se fazia necessário proteger a segurança do tráfego, da rigidez das normas relativas ao domínio.[26]

Em relação à boa-fé objetiva, a exigência de boa-fé coloca-se antes mesmo da formação do contrato e está ligada à confiança inspirada pela relação de proximidade entre os intervenientes, em determinadas situações em que não se encontram como terceiros estranhos, gerando deveres recíprocos de proteção, assistência e manutenção, os quais não devem ser frustrados, em proteção da confiança.[27] Assim, a remissão para a boa-fé permite o reconhecimento de responsabilidade com fundamento na *culpa in contrahendo*, ainda nas negociações preliminares e, portanto, independentemente do contrato.[28]

Por outro lado, mesmo reconhecendo a importância da relação entre a confiança e a boa-fé, defende-se na doutrina a proteção da confiança de forma autônoma e independente da boa-fé.

Para Manuel Antônio Carneiro da Frada, a boa-fé exprime preocupação de correção, lisura e razoabilidade ou equilíbrio na relação entre os sujeitos, entendendo que a confiança depositada por um deles não é autonomamente protegida, pois sua frustração não implica necessariamente violação da regra da boa-fé.[29] Segundo o autor, a tutela das expectativas (da confiança) pela regra da boa-fé é apenas reflexa, atendendo-se, na verdade, às exigências de probidade e equilíbrio de conduta veiculadas pela boa-fé, que confere o fundamento da proteção concedida. Assim, o dever de conduta é construído em ponderações de razoabilidade ou justiça, em que se exige dos sujeitos um comportamento correto, leal e honesto, inexistindo adstrição da norma à confiança.

Um contrato forma teias de expectativas, constitutivas de sistemas de referências, que podem versar sobre: a pessoa do outro contratante; seu comportamento ou alegações; e pressuposições ligadas às circunstâncias ambientais do negócio, gerais ou particulares, suscetíveis de interferir na execução do contrato. A responsabilidade decorrente da violação dessas re-

---

26 *Idem*, p. 460.

27 *Idem*, p. 560.

28 Menezes Cordeiro. *Da boa-fé no Direito Civil*, p. 563.

29 Carneiro da Frada. *Teoria da Confiança e Responsabilidade Civil*, p. 452-453.

presentações não tem raízes na frustração dessas expectativas, mas sim na infração dos ditames de correção ou razoabilidade de conduta interpretados à luz dessas expectativas.[30] Ou seja, o fundamento da sanção legal, em caso de violação das representações que compõem as teias de expectativas do contrato, não é a tutela dessas expectativas, mas sim a proteção da boa-fé, impositiva de comportamentos retos, entre os quais se inclui o dever de não acalentar expectativas infundadas, devendo-se esclarecer o outro a esse respeito. Esse dever não é destinado a garantir a realização das expectativas, mas sim a atender às exigências de lealdade e correção de comportamento. Por isso, a violação desse dever não constitui responsabilidade pela confiança, uma vez que a ordem jurídica não reage à frustração das expectativas em si mesma, mas sim à conduta contrária ao *civiliter agere* imposto pela boa-fé.[31]

Nesse contexto, Carneiro da Frada afirma a autonomia recíproca entre a regra da conduta de boa-fé e o pensamento da proteção da confiança.

No esforço de estabelecer a distinção entre ambos, ressalta que as partes não podem renunciar à regra de conduta de boa-fé, mas podem dispensar a proteção da confiança, aceitando correr o risco de não ver concretizadas determinadas expectativas que depositem no outro; enquanto as exigências de correção, lisura e razoabilidade estão subtraídas da disponibilidade do sujeito.[32]

Entre as exigências decorrentes da boa-fé inclui-se a de não criar ou acalentar expectativas indevidas, bem como a de prevenir a formação ou a manutenção de representações falsas, temerárias ou infundadas. Desse modo, a regra de boa-fé credibiliza a formação e a perduração de expectativas, assegurando espaços de confiança e constituindo uma ordem normativa envolvente, que cria um invólucro no qual se coordenam situações de confiança. Uma vez mais, Carneiro da Frada ressalta que a responsabilidade pela violação dessa vertente da boa-fé não corresponde à responsabilidade pela frustração de expectativas, que é valorada, apenas reflexamente, como conseqüência da infração de regras de comportamento – e não tendo as expectativas como objeto de proteção em si mesmas.[33] Menezes Cordeiro discorda, afirmando que não distingue as exigências da regra de boa-fé perante a tutela da confiança.[34]

---

[30] *Idem*, p. 454-456.

[31] Carneiro da Frada. *Teoria da Confiança e Responsabilidade Civil*, p. 458.

[32] *Idem*, p. 465-466.

[33] *Idem*, p. 467.

[34] *Idem*, mesma página, nota nº 482.

3.3. A tutela da confiança nas concreções da boa-fé: *venire contra factum proprium, supressio* e *surrectio*

De acordo com Menezes Cordeiro, o *venire contra factum proprium*, a *surrectio* e a *supressio* correspondem a posições jurídicas que, em determinadas circunstâncias, não podem ser exercidas em proteção a situações de confiança que o Direito entende proteger.

Para a proteção da confiança é necessário recorrer ao sistema, pois não há norma ou princípio específico, embora o exercício de posições jurídicas contra situações de confiança seja entendido como uma disfuncionalidade.[35]

Nesse ponto, a boa-fé atende às aspirações profundas do sistema, intervindo nas circunstâncias em que se relacionam duas ou mais pessoas e impondo a proteção da confiança.

A proteção da confiança prende-se também aos temas da aparência e da crença juridicamente relevante, bem como à consideração das situações jurídicas materiais, que se liga historicamente à superação do formalismo na aplicação do Direito.[36] Sua relação com o abuso do Direito também deve ser mencionada, considerando-se a íntima relação do abuso com a boa-fé, expressa na legislação.

De fato, independentemente das discussões doutrinárias sobre a autonomia do abuso do Direito e sobre sua própria existência (negada pela corrente segundo a qual não há abuso do Direito, mas sim ausência de Direito, diante de determinadas situações), o legislador entendeu por bem definir como ilícito o Direito exercido excedendo aos limites manifestamente impostos pelo seu fim econômico ou social, pela boa-fé ou pelos bons costumes (art. 187 do Código Civil). Nesses termos, a boa-fé e a confiança que ela inspira funcionam como limites aos direitos, tornando ilegítimos seus exercícios em contrariedade com a boa-fé ou acarretando a frustração indevida da confiança legitimamente inspirada no outro.

O Código Civil português contém dispositivo similar (art. 334): "*É ilegítimo o exercício de um direito quando o titular exceda manifestamente os limites impostos pela boa-fé, pelos bons costumes, ou pelo fim social ou económico desse direito*)", aplicando-se ao Direito brasileiro a lição de Cunha de Sá, segundo a qual, de acordo com a lei, o dever de não abusar traduz-se no dever de atuar conforme a boa-fé, os bons costumes ou a finalidade econômica ou social do direito, o que significa dentro "dos limites que para o direito em causa resultam do seu fundamento axiológico".[37]

---

[35] Menezes Cordeiro. *Da boa-fé no Direito Civil*, p. 900.

[36] *Idem*, p. 901.

[37] Cunha de Sá. *Abuso do Direito*, p. 642.

No mais, a figura do abuso, tal qual a boa-fé, não prescinde da atividade judicial para ser concretizada, como ocorre, por exemplo, no cotejo entre os valores envolvidos, o direito subjetivo, de um lado, e a boa-fé, de outro. Nesses casos, o juiz tem de debruçar-se, por imposição da própria lei, sobre a estrutura íntima de todos os fenômenos, para valorá-los juridicamente e deles extrair conseqüências.[38]

Nesse contexto, a metodologia pressuposta pela boa-fé confere-lhe papel particular nas regulações jurídicas típicas do abuso do direito, propondo atenção às particularidades do caso concreto, ao combate ao formalismo, à ponderação das conseqüências das decisões. Para tanto, a boa-fé afigura-se como locução ideal, pois embora apreciativa e vaga, contém conotações insofismáveis de voluntariedade na aplicação do Direito, traduzindo a capacidade expansiva do sistema.[39] Tal capacidade expansiva explica-se pelo fato de que, além da confiança, reconhecem-se outros conteúdos da boa-fé: impondo a idéia de proporcionalidade no exercício de posições jurídicas; representando exigências de consideração para com interesses alheios; exigindo a coerência de comportamentos; e realizando aforismas jurídicos como *equity must come with clean hands*; ou proscrevendo condutas desonestas;[40] incorporando uma rica variedade de valores suscetíveis de se articularem entre si, com variável intensidade, o que caracteriza a idéia de mobilidade do sistema de proteção da confiança,[41] permitindo que, diante do caso concreto, prevaleça um ou outro valor, a partir da consideração integral do sistema.

Assim, pode-se afirmar que por meio da boa-fé subjetiva e pela regra de atuação segundo a boa-fé, pretende-se, entre outras coisas, garantir o exercício dos direitos dentro dos limites impostos pela ordem axiológica inerente ao ordenamento, realizando o valor da confiança, tão importante para o convívio e para o desenvolvimento das potencialidades humanas.

A ligação entre a boa-fé e a confiança revela-se por meio dos institutos que dão concreção e auxiliam na aplicação da boa-fé, como o *venire contra factum proprium*, que corresponde à expressão da confiança. O *venire* consagra a regra de que, na definição de Weber, "ninguém pode exercer um direito ou tomar uma posição jurídica com conseqüências, em contradição com o comportamento anterior, quando este justifique a conclusão de que não o iria fazer e ele, nessa ocasião, tenha despertado na outra parte uma determinada confiança".[42]

---

[38] *Idem*, p. 375.

[39] Menezes Cordeiro. *Da boa-fé no Direito Civil*, p. 901.

[40] Carneiro da Frada. *Teoria da Confiança e Responsabilidade Civil*, p. 445.

[41] *Idem*, mesma página e nota nº 459.

[42] Menezes Cordeiro. *Da boa-fé no Direito Civil*, p. 754.

O *venire contra factum proprium* é regra de conduta inspirada na confiança, que expressa a essência da obrigação de comportar-se de acordo com a boa-fé objetiva.

Na lição de Wieacker, esta regra de conduta é assim comentada: "*Esta máxima expresa de forma tan inmediata la esencia de la obligación de comportarse de acuerdo con la buena fe que a partir de ella se alumbra la totalidad del principio.*"[43]

É definido, por Judith Martins Costa, como o "exercício de uma posição jurídica em contradição com o comportamento exercido anteriormente pelo exercente", que compreende "dois comportamentos da mesma pessoa, lícitos em si e diferidos no tempo. O primeiro – o *factum proprium* – é, porém, contrariado pelo segundo".[44]

Essa regra de conduta pretende assegurar a coerência do comportamento do contratante, preservando a relação de confiança minimamente necessária para o desenvolvimento do tráfego negocial, sancionando a violação do dever objetivo de lealdade para com a contraparte e coibindo a indevida frustração da expectativa fundada no outro pelo próprio comportamento anterior.

Questão interessante foi colocada por Alejandro Borda, em sua obra *La Teoria de los Actos Proprios*, cujo antecedente histórico mais importante é o *venire contra factum proprium*. Tal regra protege a boa-fé depositada na aparência jurídica criada pelo primeiro ato ou conduta, ou protege a boa-fé ou confiança inspirada por um comportamento coerente?[45]

Puig Brutau, na citação de Borda, sustenta que a limitação do Direito Subjetivo decorrente da proibição do *venire contra factum proprium* resulta da proteção a quem confiou na aparência criada pelo outro, conscientemente ou não. Essa aparência permitiu a crença em uma situação jurídica determinada, que deverá ser cumprida pelo autor da conduta, em respeito à teoria dos atos próprios.

Borda, por sua vez, opta pelo afastamento da teoria da aparência e recorre à realidade, compartilhando a idéia de Diez-Picazo, de que a sanção à conduta contraditória funda-se na necessidade de se comportar coerentemente, sendo de Diez-Picazo a lição de que quando uma pessoa suscita na outra, com sua conduta, uma confiança fundada em uma determinada conduta futura, não pode agir de forma incompatível com ela.

Sem dúvida, o princípio do *venire contra factum proprium* não se confunde com o dever de verdade porque prescinde do elemento subjetivo, da consciência da vontade quanto aos atos praticados, para ser proibido.

---

[43] *El Principio general de la buena fe*, p. 60.

[44] Martins-Costa, Judith. *A boa-fé no Direito Privado*, p. 470.

[45] Borda, Alejandro. *La Teoria de los Actos Proprios*, p. 64.

De fato, a aplicação do princípio não pressupõe necessariamente que a expectativa criada na outra parte tenha decorrido de má-fé ou negligência de seu interlocutor.

Isso porque a exigência de confiança não é obrigação de verdade subjetiva, de acordo com a moderna teoria da validade da declaração de vontade, já que não se separa a intenção do significado que a outra parte pode atribuir à conduta, podendo-se afirmar que a doutrina é uniforme em definir o *venire contra factum proprium* como puramente objetivo, pois não se requer culpa do responsável pela contradição para que seja proibido. A limitação do direito subjetivo, proibindo em determinadas situações o exercício de poder ou faculdade permitida em outro contexto, funda-se no dever de atuar com coerência.[46]

Assim, tem-se que o *venire contra factum proprium* é aplicação do princípio da boa-fé objetiva, que, na interpretação do contrato, considera mais a conduta do contratante do que a vontade declarada, encontrando soluções que privilegiem a uniformidade e coerência de comportamentos em proteção à confiança, a fim de corrigir eventuais excessos do subjetivismo individualista, baseado exclusivamente na vontade da parte.

A recondução do *venire* à doutrina da confiança revela um estágio elevado na tarefa ascendente de sistematização da casuística gerada a partir de comportamentos contraditórios, e na tarefa descendente de concretização da boa-fé.[47] O recurso à confiança na aplicação da boa-fé fornece, assim, um critério de decisão, definindo como contrário à boa-fé um comportamento contraditório com a conduta anterior, quando ela tenha suscitado a confiança das pessoas. Por outro lado, a confiança contorna o problema dogmático da impossibilidade jurídica de vincular permanentemente as pessoas aos seus comportamentos, existindo situações em que é possível a contrariedade quando, no cotejo dos valores envolvidos, não prepondera a confiança.[48]

A jurisprudência fornece critérios para a concretização da confiança que se protege pela vedação ao *venire*, quais sejam: a atuação de um fato gerador da confiança; e a adesão do confiante a esse fato, desenvolvendo atividade posterior, com base nessa confiança, de tal modo que a supressão do fato implique iniqüidade sem remédio. Assim, verifica-se um elemento objetivo, consistente na manifestação de vontade suficiente, para convencer uma pessoa normal; e um elemento subjetivo, correspondente à adesão ao fato gerador da confiança, além do desenvolvimento de atividade pelo confiante. A soma dos dois é necessária para garantir a proteção jurídica da con-

---

[46] Borda, Alejandro. *La Teoria de los Actos Proprios*, p. 65-66.

[47] Menezes Cordeiro. *Da boa-fé no Direito Civil*, p. 755.

[48] *Idem*, p. 756.

fiança, embora a falta de algum deles possa ser suprida pela especial intensidade que adquira o outro, com base na idéia de sistema móvel. No mais, afirma-se a aplicação subsidiária do *venire*, pois o regime da confiança é afastado sempre que normas específicas atribuírem quaisquer outros efeitos à situação gerada.[49]

O caráter subsidiário, no entanto, não impede a invocação do *venire* mesmo em caso de existir relação contratual entre as partes, nas situações não previstas pelos contratantes, notadamente em relação aos deveres anexos e instrumentais, como os de colaboração, cooperação e cuidado, por exemplo.

Neste sentido, transcreve-se trecho do parecer do professor titular Antonio Junqueira, da Faculdade de Direito da Universidade de São Paulo, consultado pela Combrascan Shopping Center S.A., dada a claridade com que expõe o tema:

> Ora, o princípio da boa-fé, sem desprezar a vontade contratual, procura ir além dela e tomar em consideração sua exteriorização – perante a outra parte contratante e até mesmo perante terceiros e o meio social. No caso examinado, a atual mudança de atitude da Capri vai contra sua longa aceitação da situação anteriormente vigente; a atuação externa do projeto contratual, pela regra da boa-fé objetiva, impede esse *venire* contra *factum proprium*.[50]

A jurisprudência brasileira também admite a aplicação do *venire*, na limitação do direito subjetivo contraditório ao comportamento anterior, como regra de interpretação derivada da boa-fé objetiva, impondo a manutenção de uma linha de conduta uniforme, esteja a pessoa na posição de credor ou de devedor.

Por isso, veda à seguradora, que recebeu o pagamento do prêmio com atraso, a alegação da exceção do contrato não cumprido por ocasião do sinistro, quando nenhuma ressalva fez na época dos pagamentos, fornecendo a quitação por intermédio da instituição financeira,[51] bem como impede o conhecimento de embargos de declaração pela prática de ato incompatível com o poder de recorrer.[52]

A proibição do *venire contra factum proprium* está implícita no art. 422, do novo Código Civil, aplicando-se na fase contratual, no âmbito do contrato preliminar (arts. 462 a 466, mesmo diploma legal) e no período pré-contratual,

---

[49] *Idem*, p. 758-759.

[50] In: *Revista Forense*, 351-279.

[51] STJ – Quarta Turma; REsp nº 36.022-6 – SP; Rel. Min. Sálvio de Figueiredo; j. 16.04.1995; v.u; ementa – Boletim AASP nº 1.953.

[52] TJSP – 6ª Câm. Cível; Emb. Decl. nº 249.130-1/5-01 – SP; Rel. Des. Munhoz Soares; j. 22.02.1996; v.u.; ementa – Boletim AASP nº 1.981.

em que se desenvolvem as negociações preliminares,[53] podendo-se afirmar que, em nenhum momento, afigura-se como lícito contrariar o comportamento anterior em prejuízo do outro.

O *venire* encontra aplicação também no âmbito do Direito Processual Civil, por exemplo, por meio da regra que proíbe a parte que deu causa ao ato de argüir-lhe a nulidade (CPC, art. 243): "Quando a lei prescrever determinada forma, sob pena de nulidade, a decretação desta não pode ser requerida pela parte que lhe deu causa)", o que vem sendo aplicado pela jurisprudência (RSTJ 12/366 e JTJ 165/206), inclusive reconhecendo o dano processual, sujeito à reparação, na hipótese do réu que opõe exceção de incompetência e, depois de acolhida, passa a sustentar opinião contrária, pedindo, pelo mesmo motivo, a extinção do processo (RTJ 118/437). Esta vedação repete-se no art. 157, do Código de Processo Italiano, e sua relação com o *venire* é expressa nos comentários àquele Código. Reza o citado artigo: "*Non può pronunciarsi la nullità senza instanza di parte, se la legge non dispone che sia pronunciata di ufficio [158, 164, 291]. Soltanto la parte nel cui interesse è stabilito un requisito può opporre la nullità dell'atto per la mancanza del requisito stesso, ma deve farlo nella prima istanza o difesa successiva all'atto o alla notizia di esso.* La nullità non può essere opposta dalla parte che vi ha dato causa, né da quella che vi ha rinunciato anche tácitamente" (grifei). De acordo com os comentários, este segundo requisito constitui aplicação do princípio geral que estabelece a ilicitude do *venire contra factum proprium*, pois o fato de haver dado causa à nulidade constitui o sinal maior da falta de interesse de reclamar contra ela.[54]

Nesses exemplos do Direito Processual, a vedação ao *venire* parece mais fundada na exigência de comportamentos coerentes e não contraditórios do que na confiança, mesmo porque as normas são postas no interesse público com a administração da justiça, inexistindo um parceiro para o alcance de objetivo comum, já que as posições são necessariamente opostas. No âmbito do Direito Material, diversamente, é a proteção da confiança que prepondera no aquilatar da possibilidade do exercício de determinada posição jurídica, ou não, inclusive considerando as atividades desenvolvidas pela parte que confiou e que seria irremediavelmente lesada se sua confiança fosse desconsiderada.

A confiança encontra proteção por meio também da *supressio*, que consiste em outra forma de concreção da boa-fé, relacionada à influência do tempo

---

[53] Martins-Costa, Judith & Branco, Gerson Luiz Carlos. *Diretrizes teóricas do novo Código Civil Brasileiro*, p. 135.

[54] *Codice di Procedura Civile a cura di Nicola Picardi*, p. 787. "*Il secondo requisito costituisce applicazione del principio general che sancisce l'illiceità del venire contra factum proprium: l'aver dato causa alla nullità costituisce cioè il segno maggiore della mancanza di interesse al rilievo.*"

nas relações jurídicas, cuja regulação foi preconizada por Jürgen Schmidt.[55] A *supressio* implica o desaparecimento de um direito não exercido ou não efetivo socialmente, a fim de aproximar o sentido social de um direito ao seu exercício. Isso porque o Direito esforça-se para eliminar discrepâncias, seja adequando relações fáticas às jurídicas, seja aceitando o influxo da efetividade social sobre as normas jurídicas, adaptando estas em função daquelas.

O objetivo da *supressio* não é penalizar o não-exercício de um direito pelo seu titular, mas sim proteger a confiança da outra parte de que não mais haveria aquele exercício. Por isso, para caracterizar a perda de um direito, seu exercício retardado deve significar uma injustiça para a outra parte, quer em sentido distributivo, por infligir-lhe uma desvantagem desconexa perante o ordenamento jurídico, quer em sentido comutativo, por lhe acarretar um prejuízo desproporcional ao benefício arrecadado pelo exercente. De todo modo, analisa-se a alteração na esfera da contraparte, diante do não-exercício do direito pelo outro, protegendo-se sua confiança de que não haveria mais exercícios.

A tutela da confiança por meio da *supressio* pode envolver dois benefícios: o fim de restrição, mediante a recuperação de área de atuação (permissão genérica de atuação), ou a aquisição de direito subjetivo (permissão específica de aproveitamento).[56] Ambas decorrem da aplicação do princípio da boa-fé, auxiliando em sua concreção por meio da construção da jurisprudência, conforme se confere pelos exemplos ora trazidos.

No primeiro caso, reconheceu-se o direito de proprietários de duas unidades de condomínio fazerem uso exclusivo de área de propriedade comum, pois eram os únicos com acesso ao local e estavam autorizados por assembléia a fazê-lo. Embora a decisão da assembléia tivesse permitido tal uso "temporariamente", em 1969, a utilização se perpetuara até 1982, quando, por nova assembléia, resolveu-se retomar a área. Nesse contexto, entendeu-se que os condôminos das duas unidades licitamente esperavam a permanência da situação de uso da área comum, tanto que introduziram benfeitorias, tratando-se de expectativa legítima, à qual foi concedida a proteção judicial, invocando-se o princípio da boa-fé objetiva. Nesses termos, a Ementa do Recurso Especial:

> **Processual Civil – Civil – Recurso especial – Prequestionamento – Condomínio – Área comum – Utilização – Exclusividade – Circunstâncias concretas – Uso prolongado – Autorização dos condôminos – Condições físicas de acesso – Expectativa dos proprietários – Princípio da boa-fé objetiva.**

---

[55] Menezes Cordeiro. *Da boa-fé no Direito Civil*, p. 816.

[56] *Idem*, p. 820-821.

> O recurso especial carece de prequestionamento quando a questão federal suscitada não foi debatida no acórdão recorrido.
> Diante das circunstâncias concretas dos autos, nos quais os proprietários de duas unidades condominiais fazem uso exclusivo de área de propriedade comum, que há mais de 30 anos só eram utilizadas pelos moradores das referidas unidades, pois eram os únicos com acesso ao local, e estavam autorizados por assembléia condominial, tal situação deve ser mantida, por aplicação do princípio da boa-fé objetiva (REsp nº 356.821 – RJ, STJ, Terceira Turma, Rel. Min. Nancy Andrighi, DJ 05/08/2002).

Num caso análogo, igualmente alusivo ao uso exclusivo de área comum por alguns condôminos, novamente foi aplicado o princípio da boa-fé objetiva, na tutela da confiança e na busca da justiça, tendo o Relator expressamente aludido à "única solução justa". Além disso, fica clara a consideração das circunstâncias concretas no sopesar dos interesses envolvidos, como método para a aplicação do princípio. Confira-se:

> Essa situação excepcional e característica daquele prédio é que levou os Réus a usarem a área com exclusividade, com a plena concordância dos demais condôminos, os quais ratificaram tal estado de coisas em assembléia, assim permanecendo por trinta anos. As condições do prédio eram tais que nunca houve qualquer reclamação; antes, o expresso consentimento. A situação poderia ser modificada se demonstrada a alteração das circunstâncias, surgindo razão ponderável de interesse comum a justificar a retomada da área para a sua destinação inicial, que desaparecera desde a unificação das unidades habitacionais. A única solução justa recomendada para o caso é a manutenção do *statu quo*. Para isso pode ser invocada a figura da *suppressio*, fundada na boa-fé objetiva, a inibir providências que já poderiam ter sido adotadas há anos e não o foram, criando a expectativa, justificada pelas circunstâncias, de que o direito que lhes correspondia não mais seria exigido. A *suppressio* tem sido considerada com predominância como hipótese de exercício inadmissível do direito (Menezes Cordeiro, *Da boa-fé no Direito Civil*, II, 810) e pode bem ser aplicada neste caso, pois houve o prolongado comportamento dos titulares, como se não tivessem o direito ou não mais quisessem exercê-lo; os condôminos ora réus confiaram na permanência desta situação pelas fundamentadas razões já explicadas; a vantagem da Autora ou do Condomínio, que ela diz defender, seria nenhuma, e o prejuízo dos Réus, considerável. Penso que, no caso, se pode fazer boa aplicação do princípio (STJ, Rel. Min. Ruy Rosado de Aguiar, REsp nº 214.680 – SP).

A perda do direito subjetivo como decorrência da aplicação da boa-fé foi o fundamento da negativa de tutela antecipada pretendida pela Cohab, em face de compromissário comprador, objetivando reaver a posse do imóvel com base no inadimplemento do contrato, ajuizando a ação após 82 meses de não-pagamento pelo réu. Nessa hipótese, entendeu-se pela geração de efeitos em decorrência da inércia da credora, criando-se expectativas a serem protegidas, em autêntica tutela da confiança:

> Tutela antecipada – Pretendida retomada imediata do imóvel, objeto de contrato de compromisso de compra e venda – Indeferimento – Manutenção – Artigo 273 do CPC – Requisitos não preenchidos – Jurisprudência controvertida sobre a possibilidade de se conceder tutela antecipada em ação de posse velha – Longo atraso do pagamento das prestações do preço não se mostra compatível com a repentina urgência na retomada da unidade autônoma – Aplicação do princípio da boa-fé objetiva – O protraimento desleal do exercício de um direito (*supressio*), consistente na longa inércia do credor, no caso concreto, gerou no devedor razoável expectativa de que não haveria a retomada repentina – Recurso não provido (Agravo de Instrumento nº 402.103.4/6-00, TJ/SP, Rel. Francisco Loureiro, j. 04/08/2005).

Fica demonstrada, assim, a aplicabilidade da *supressio* na tutela da confiança por meio da boa-fé.

Outro fenômeno regulado por Jürgen Schmidt, na observação dos efeitos do tempo sobre as relações jurídicas pautadas pela confiança, é a *surrectio*. A *surrectio* pressupõe uma atuação, uma manutenção de situação jurídica por certo tempo, de acordo com o direito subjetivo que vai surgir.[57] Para tanto, impõe-se a ausência de previsões negativas que impeçam a *surrectio*, além da presença de uma previsão de confiança, da concorrência da culpa ou risco do prejudicado (que perderá seu direito), da boa-fé subjetiva do beneficiário (que deve crer na regularidade da situação fática) e da ausência de quaisquer outras soluções impostas pelo Direito, como a obrigação de indenizar ou restituir enriquecimento.

Nos casos em que se pretere a confiança do sujeito titular – beneficiário de direito material assegurado pelo sistema, em favor de quem tem mera crença ou aparência – a proteção da confiança é tida como excepcional, pois a primeira posição representa a legitimidade máxima perante o sistema. Nesse contexto, Menezes Cordeiro entende acentuada a feição excepcionalizante das disposições específicas reportadas à confiança, cuja proteção não se justifica por si só, pressupondo a ponderação do tema à luz dos demais vetores que atuam no sistema.[58]

---

[57] Menezes Cordeiro, *Da boa-fé do Direito Civil*, p. 822.

[58] *Idem*, p. 1.246-1.247.

3.4. A boa-fé e os princípios constitucionais da igualdade e da solidariedade como veículos do sistema para assegurar a proteção da confiança

O princípio da igualdade aplica-se ao Direito Privado, não se tratando meramente da igualdade de todos perante a lei. A igualdade é da essência do Direito Privado desde o Direito Romano, pois se baseia na capacidade dos sujeitos, que devem agir em liberdade e igualdade. Existe uma preocupação com o equilíbrio e a adequação para além da forma, no Direito Civil, desde as *responsa* dos jurisprudentes, que tinham por objetivo constituir uma igualdade com dimensão mais real e profunda.[59]

A atuação jurídico-privada não pode ser desligada das condições em que se exerça e dos resultados a que conduza. A pessoa que desenvolve atividade estando convicta de certo estado de coisas, erguendo sobre ele um edifício, fica em posição de desigualdade perante a outra parte quando se apura a mera aparência da situação em que acreditou, inutilizando toda a sua construção. Neste sentido, a proteção da confiança revela um dos prismas múltiplos das exigências de igualdade: o de fazer corresponderem saídas diferentes a situações diversas, levando em conta que o exercício de posições jurídicas é condicional e que, em certas situações, prevalecem os elementos de crença legítima e previsibilidade,[60] em proteção da igualdade das confianças em jogo.

A consideração da complexidade da realidade material, a par dos formalismos lingüísticos, bem como a possibilidade de rever o contrato com base na alteração das circunstâncias, objetivam assegurar a igualdade entre os pares, nas hipóteses em que contingências futuras tornariam desigual exigir o estrito cumprimento do pactuado, sendo estas vivências jurídicas possibilitadas pela boa-fé e por ela justificadas.[61]

Na lição de Menezes Cordeiro, tais aplicações importantes do princípio da igualdade são anteriores à própria formulação de um princípio da igualdade no âmbito do Direito Privado e independente do Direito Constitucional. E, após sua formulação, permite-se explicar, com base no princípio da igualdade, soluções novas que até então não tinham redução dogmática clara.

Quanto à solidariedade, está intimamente relacionada à boa-fé, cujos ditames de comportamento implicam o abandono de uma concepção puramente competitiva do contrato, em favor de uma perspectiva "solidarística" e, neste sentido, "relacional", do contrato.[62]

[59] Menezes Cordeiro. *Da boa-fé no Direito Civil*, p. 1.275-1.276.

[60] *Idem*, p. 1.276.

[61] *Idem*, p. 1.276-1.277.

[62] Carneiro da Frada. *Teoria da Confiança e responsabilidade Civil*, p. 449.

Entre nós, o tema dos contratos relacionais foi abordado por Ronaldo Porto Macedo Jr., para quem "a solidariedade enquanto preocupação de uns com os outros com base num sentimento de comunidade e valores comunitários assume um caráter eminentemente moral",[63] transcendendo o âmbito moral após sua incorporação ao ordenamento, pelo Direito Positivo. De todo modo, segundo o autor, o conceito de solidariedade envolve a idéia de confiança, embora com ela não se confunda, já que a co-responsabilidade pelos ônus e vantagens, essencial para a idéia de solidariedade, não se inclui na idéia de confiança, compreendida como expectativa mútua de que nenhuma parte explorará a vulnerabilidade da outra numa troca, envolvendo a idéia de não-exploração.

A consciência de cada ser, da sua vulnerabilidade, permite a criação da confiança e da solidariedade, pois se sabe que os demais também terão a mesma idéia. Assim, a confiança constitui-se a partir da intuição do que é ser vulnerável para os outros e na crença de que cada parte pode decidir depositar sua confiança no outro, após um processo de reflexão e equilíbrio. Nesses termos, a confiança aproxima-se de um pacto democrático, de caráter constitucional, fundamentado no reconhecimento, pelos cidadãos, da conexão entre a garantia da autonomia de cada um e o respeito pelos outros.[64]

Assim, pode-se dizer que a boa-fé estimula a solidariedade, na medida em que impõe comportamentos de colaboração e deveres de assistência e cuidado com o outro. Tal solidariedade inclui a idéia de confiança entre os pares; implicando também meio próprio para a tutela da confiança de modo direto ou por via reflexa.

---

[63] Macedo Jr., Ronaldo Porto. *Contratos relacionais e Defesa do Consumidor*, p. 177.

[64] *Idem*, p. 179-182.

Capítulo 4

Os princípios no positivismo jurídico. Integração de valores

4.1. O positivismo jurídico na lição de Bobbio. Os valores sob o ângulo da filosofia do Direito

A primeira parte deste trabalho voltou-se para aspectos éticos, antropológicos e filosóficos da boa-fé. Neste momento, o enfoque passa a ser outro, partindo-se do Direito Positivo, com o objetivo de provocar reflexão sobre as possibilidades – e até mesmo dificuldades – de aplicação da boa-fé, a qual, por um lado, está expressa no texto legal, e, por outro, encerra vasto conteúdo, inviabilizando a mera operação lógica de subsunção do fato à lei.

Nessa medida, é útil fixar as premissas do positivismo e as críticas que lhe são endereçadas no enfrentamento do tema, a partir das lições de Norberto Bobbio, na obra *Positivismo Jurídico*, que seguem resumidas neste subitem naquilo que é relevante para o encadeamento deste trabalho, e que poderão ser conferidas pelo leitor nas páginas 131-238, da obra mencionada.

De acordo com Bobbio, são características do positivismo puro: a abordagem do Direito como um fato ou fenômeno natural, abstendo-se de formular juízos de valor, de modo que a validade do Direito funda-se exclusivamente em critérios formais e independentemente do conteúdo; a definição do Direito a partir de seu elemento de coação, como normas que valem em razão da força; a legislação como fonte fundamental do Direito, ainda que se reconheçam fontes pressupostas como a eqüidade e a natureza das coisas ou dos fatos; a consideração da norma como um comando, formulando a *teoria imperativista do Direito*; a concepção do ordenamento jurídico como um sistema coerente e completo, negando a existência de normas antinômicas, a partir da invalidade de uma ou de ambas, e negando a existência de lacunas no Direito; a sustentação da *teoria da interpretação mecanicista*, segundo a qual a atividade do juiz é meramente declaratória e não produtiva ou criativa do Direito; a ideologia da obediência absoluta à lei enquanto tal.

A partir dessas características, Bobbio faz uma análise crítica do positivismo jurídico, acolhendo algumas delas e rechaçando outras.

Segundo o autor, o positivismo pode ser considerado sob três aspectos: como método para o estudo do Direito; como teoria do Direito; ou como ideologia do Direito.

Em relação ao método, refere-se ao modo de encarar o Direito como fato e não como valor, no esforço de transformá-lo numa verdadeira ciência, cujo interesse é o conhecimento objetivo da realidade, excluindo os juízos subjetivos ou de valor, voltados a influir sobre o outro, em vez de informar. Nesses termos, o positivismo propõe uma concepção do Direito como fato e não como valor, excluindo toda qualificação que comporte a distinção do próprio Direito em bom e mau ou justo e injusto.

Já o positivismo como doutrina do Direito engloba as teorias: da coatividade do Direito; da legislação como fonte do Direito; da norma jurídica e respectiva imperatividade; do ordenamento coerente e completo; e da interpretação mecanicista. O objeto deste trabalho dispensa o aprofundamento de todas essas teorias, bastando alguns comentários sobre as idéias de coerência e completude do ordenamento, que ensejam a concepção mecanicista da interpretação.

Para o positivismo, a idéia de coerência do ordenamento sustenta-se na negação de antinomias ou de normas incompatíveis entre si, a partir da noção de que a compatibilidade da norma com o ordenamento é condição de sua validade. Assim, em caso de incompatibilidade, apenas uma das normas será válida, com base nos critérios cronológico, hierárquico e de especialidade. A completude, por seu turno, é característica vinculada ao princípio da certeza do Direito, conciliando outros pontos fundamentais do positivismo, como os de que o juiz não pode criar o Direito nem se recusar a resolver uma controvérsia qualquer. A afirmação de completude significa negar a existência de lacunas na lei, ao menos sob o ponto de vista técnico-jurídico, admitindo-se que os juristas afirmem a ausência de norma contrária aos seus ideais de justiça, o que não se confunde com a ausência de norma. O positivismo também se refere a lacunas na lei com outro sentido, para as hipóteses em que se verifica discrepância entre a letra e o espírito da lei ou entre a vontade expressa e a vontade presumida do legislador, a qual pode ser sanada recorrendo-se a normas do próprio sistema, mediante o recurso à analogia e aos princípios gerais do Direito. Nesses termos, a interpretação da jurisprudencia, de acordo com o positivismo, não é um ato criativo, mas puramente declarativo ou reprodutivo de um direito preexistente. Trata-se do conhecimento passivo e contemplativo de um objeto já dado, ainda que se admita a integração do Direito por meio da analogia e dos princípios gerais (autointegração do Direito).

Por fim, o aspecto do positivismo como ideologia do Direito vincula-se à teoria da obediência absoluta e incondicional à lei enquanto tal. Este ponto não se situa no plano da teoria do positivismo, mas naquele relacionado a sua ideologia, tratando-se da problemática valorativa, relativa à determinação do nosso dever, razão pela qual Bobbio adota a expressão *positivismo ético* para tratar da ideologia positivista. De acordo com o autor, a obrigação de obediência à lei não é apenas jurídica, mas também moral, pois o Estado sobrepôs-se a todas as outras organizações políticas, inclusive à Igreja, tornando-se o único portador de valores morais. Nessa medida, o homem deve obedecer às leis também por motivos internos, por estar convencido de que essa obediência é intrinsecamente boa, respondendo perante si e sua consciência pelo dever de obedecer à lei. Na versão extrema do positivismo ético, o Estado é encarado como portador da missão de realizar a eticidade, razão pela qual as leis, como manifestação da vontade do Estado, têm sempre um valor ético e exigem a obediência incondicional dos súditos. A versão moderada do positivismo ético, de seu lado, também parte da premissa de que o Direito tem valor enquanto tal, independentemente de seu conteúdo. Mas não porque seja sempre justo em si mesmo em conseqüência de ser válido, e sim porque é meio necessário para a realização de outro valor, o da ordem. Assim, se desejamos a ordem da sociedade, devemos obedecer ao Direito.

Superada esta classificação, Bobbio centra-se nas críticas ao positivismo, afirmando que, até o início do século XX, elas partiram do realismo jurídico contra os aspectos teóricos do positivismo, enquanto nas últimas décadas do século XX dirigiram-se aos aspectos ideológicos do positivismo, cujo princípio de obediência incondicional à lei do Estado foi responsabilizado pelas nefastas conseqüências que isso produziu nos regimes totalitários.

Essa responsabilização é criticada por Bobbio ao dizer que a versão extremista do positivismo dificilmente foi sustentada na História até suas últimas conseqüências, pois mesmo em Hobbes existe um limite à obediência absoluta às leis, representado pelo respeito ao contrato social. Em segundo lugar, declara que não existe vinculação permanente entre o positivismo jurídico e o positivismo ético extremo, salvo no caso de alguns juspositivistas alemães da segunda metade do século XIX, mas não no positivismo ítalo-francês e no anglo-saxônico. Nessa medida, concorda com o positivismo ético moderado, negando que ele leve à estatolatria ou ao totalitarismo político, pois a consideração da ordem, da igualdade formal e da certeza como valores está ligada ao Estado liberal e não ao Estado tirânico, consistindo nos valores que foram reivindicados pelo movimento iluminista contra o Estado autoritário. Além disso, afirma que a ideologia do nazismo era contrária ao positivismo jurídico, pois se dispensava o juiz de decidir exclusivamente com base na lei, sustentando-se que decidisse com base no interesse político do Estado, abrindo-se mão do princípio da legalidade ao considerar como delitos todos os atos contrários ao "são sentimento popular", ainda que não descritos como crime. Assim, para Bobbio, o princípio da obediência à lei implicava a defesa da liberdade individual contra os abusos do poder político, uma vez que tal princípio se aplica também ao Estado e não só aos cidadãos. Nesses termos, é favorável à versão fraca do positivismo moderado.

No que diz respeito à teoria do positivismo, Bobbio entende que são inconsistentes as críticas dirigidas à teoria coativa do Direito, à teoria legislativa do Direito e à teoria imperativa do Direito, que constituem as pilastras da teoria juspositivista. Em relação às teorias da coerência e da completude do ordenamento, bem como à teoria da interpretação lógica ou mecanicista do Direito, diversamente, concorda com as críticas, pois admite a possibilidade de normas válidas, mas incompatíveis; nega a completude do ordenamento em razão da inexistência de uma norma de clausura, geral e exclusiva, da qual derivasse a completude do ordenamento, fora do Direito penal; e afirma que a interpretação do Direito pelo juiz não é produto de um procedimento puramente lógico, mas o resultado de um processo em que são introduzidas avaliações pessoais e em que são feitas escolhas dentro do esquema legislativo a ser aplicado. A partir daí, Bobbio opera a distinção entre o positivismo em sentido estrito, no qual são reunidas as seis teorias, e o positivismo em sentido amplo, que acolhe apenas as teorias coativa, legislativa e imperativa do Direito, aceitando o positivismo em sentido amplo e repelindo o positivismo em sentido estrito.

Quanto ao método de descrição da realidade preconizado pelo positivismo, Bobbio dispõe-se ao seu acolhimento integral, a fim de viabilizar que se faça ciência jurídica, afirmando que, se não for adotado, o resultado não será ciência, mas filosofia ou ideologia do Direito. Nas palavras do autor:

> A distinção entre juízo de validade e juízo de valor veio a assumir a função de delimitação das fronteiras entre ciência e filosofia do Direito. A atitude do juspositivista, que estuda o Direito prescindindo de seu valor, fez refluir à esfera da filosofia a problemática e as pesquisas relativas a isso. (...) Temos assim duas categorias diversas de definições do Direito, que podemos qualificar, respectiva-

mente, como definições científicas e definições filosóficas: as primeiras são definições factuais ou avalorativas, ou ainda ontológicas, isto é, definem o Direito tal como ele é. As segundas são definições ideológicas, ou valorativas ou deontológicas, isto é, definem o Direito tal como deve ser para satisfazer um certo valor.[1]

A partir dessa lição, percebe-se a dificuldade do positivismo para lidar com cláusulas abertas, do que a boa-fé é um exemplo, tratando-se de elemento ético dificilmente compreendido em toda sua extensão, em apartado do âmbito dos valores.

Tal dificuldade estende-se à questão da interpretação das expressões não descritivas de fatos, portanto passíveis de mais de uma conotação, como a "boa-fé", dificultando sua compreensão no âmbito restrito do Direito Positivo. Cumpre acrescer as peculiaridades na aplicação dos princípios em geral, cuja generalidade e grau de abstração não são extraídos da descrição de fatos, dificultando a leitura objetiva e científica preconizada pelo Direito Positivo. Por outro lado, a preocupação com a segurança jurídica, dentro dos limites do positivismo ético moderado, é garantia do cidadão, entendendo-se que a impossibilidade de subsunção do fato à norma, em relação aos princípios, não autoriza o arbítrio ou o subjetivismo.

Neste ponto, cumpre consignar a interação entre a Teoria da Justiça e a filosofia política de que trata Celso Lafer, baseado na noção de Direito como algo criado a partir de uma escolha entre múltiplos princípios e valores de justiça, escolha que se efetiva por meio do poder político, que lhe confere positividade. Assim, a justiça, em sentido jurídico, está ligada ao poder de dizer o que é o Direito. Por isso, independentemente das concepções do humanismo laico ou da tradição judaico-cristã, o tratamento do tema da justiça no paradigma da Filosofia do Direito deve ser inserido no contexto do Direito Positivo e nas relações entre a justiça e a legalidade,[2] tornando de especial relevo o estudo dos princípios no Direito Positivo.

Nesse contexto, vem em auxílio a Filosofia do Direito, ampliando-se o objeto do estudo da boa-fé para além do Direito Positivo estrito, a fim de definir seu conteúdo ético e valorativo, e trazendo subsídios objetivos para sua aplicação pelos operadores do Direito. Nas palavras de Celso Lafer:

> E é precisamente na interpretação e exegese da aplicação dos princípios constitucionais, que não têm a especificidade das regras, que os grandes temas da Filosofia do Direito se colocam e que vêm sendo elaborados em função dos problemas colocados pelos juristas à luz da experiência jurídica contemporânea.[3]

---

[1] Bobbio, Norberto. *Positivismo jurídico*, p. 138.

[2] *A reconstrução dos direitos humanos*, p. 63-64.

[3] Lafer, Celso. "Filosofia do Direito e princípios gerais." In: *O que é Filosofia do Direito?*, p. 57.

Por isso, parece complementar o estudo da boa-fé sob ângulo da Filosofia do Direito e da realidade humana, sem perder de vista seu caráter de norma inserida no Direito Positivo.

4.2. Os princípios: breves considerações doutrinárias

O tratamento do tema da boa-fé, no campo da Filosofia do Direito, não prescinde do aprofundamento da teoria dos princípios, a fim de demonstrar seu estágio atual. Isso porque os princípios, diante do denso conteúdo material das Constituições modernas, desempenham uma função de expansão axiológica do Direito,[4] atuando como mandatos de otimização e positivação de valores, na lição de Alexy. Ora, a boa-fé contém as dimensões axiológica e ética, podendo ser enquadrada entre os elementos de expansão do ordenamento, sendo relevante consignar as formas de atuação dos princípios e como vêm sendo considerados pelos juristas.

Os princípios estão presentes em todos os campos do Direito e passaram, de tema secundário e ligado à interpretação, a um capítulo fundamental da teoria geral do Direito, dada sua importância para o desenvolvimento de uma consciência jurídica universal, orientada para a superação do positivismo jurídico estrito e do nacionalismo jurídico.[5]

As questões da natureza, origem (fonte) e validade dos princípios gerais do Direito podem ser apresentadas por meio de três indagações:

1) Os princípios gerais são norma jurídica?;

2) De onde vêm, de dentro ou de fora do sistema?; e

3) De qual autoridade emana sua validade, entre as outras normas do sistema?

Tais questões foram abordadas por Bobbio, nos comentários ao verbete *Principi Generali di Diritto*, no *Novissimo Digesto Italiano*, e, para respondê-las, o autor discorre sobre doutrinas e classificações, comentadas a seguir, na tentativa de lançar luz sobre o tema.[6]

Para Betti, os princípios gerais não são norma, mas orientações e ideais de política legislativa, além de critérios diretivos para a interpretação, com função programática para o progresso da legislação. O autor entende que, como as normas singulares não podem ser extraídas dedutivamente dos princípios, assim também os princípios não podem ser alcançados indutivamente, a partir da norma singular, significando um excedente de conteúdo deontológico localizado fora do sistema normativo. Contudo, a utilização

[4] *Idem*, p. 61.

[5] Bobbio, Norberto. Verbete "principi generali di diritto." In *Novissimo Digesto Italiano*, vol. XIII, p. 889.

[6] *Idem*, p. 890.

da expressão "critérios" e a admissão de uma função para os princípios implicam o reconhecimento de atuação prescritiva dos princípios, não diversa da função das normas. A insistência sobre a distinção entre princípios e norma depende provavelmente do fato de Betti atribuir à expressão "princípios gerais" um significado restrito, compreendendo uma só espécie de um gênero: a dos princípios informadores, que é distinta da espécie dos princípios normativos propriamente ditos. De fato, o princípio da subordinação do interesse individual ao interesse comum ou aquele que exprime a exigência de justiça não são princípios gerais no sentido em que o são a vedação do enriquecimento ilícito ou a obrigação de não causar dano injusto a outro.

De acordo com Bobbio, na mesma definição contida no Digesto italiano, prevalece a doutrina, defendida por Crisafulli, de que os princípios gerais são normas, com base em dois argumentos: os princípios gerais são extraídos por sucessivas generalizações das normas particulares e não perdem sua natureza em razão do maior grau de abstração; e, admitindo que há princípios gerais que não se extraem de normas particulares, pois já são apreendidos no âmbito geral, a função que exercem é sempre a mesma – de fornecer ao caso concreto (geralmente na ausência de norma particular) prescrições ou modelos de conduta, para orientar os operadores jurídicos. Ou seja, sua função é a mesma desempenhada pelas normas particulares.

Acrescenta o autor italiano que a corrente que nega o caráter normativo dos princípios gerais usa o termo "princípio" em sentido estrito, compreendendo somente o enunciado dos valores inspiradores do sistema jurídico, como os princípios da igualdade ou da solidariedade, enquanto a afirmação do caráter normativo é feita por aqueles que utilizam o termo "norma" em sentido amplo, incluindo os enunciados que contenham uma orientação para a ação.

Canaris, na obra *Pensamento Sistemático e Conceito de Sistema na Ciência do Direito*, explicita que está entre aqueles que negam aos princípios a natureza de norma, em razão de não serem capazes de aplicação imediata, devendo primeiro ser normativamente consolidados,[7] demonstrando a adoção do sentido estrito ao vocábulo norma. Ele afirma que, para sua realização, os princípios necessitam da concretização por meio de subprincípios e de valorações singulares com conteúdo material próprio, pela consideração de novos valores autônomos, resultando numa multiplicidade de formações previsíveis, por meio da combinação de variantes e subvariantes. Na demonstração de seu pensamento, Canaris recorre a exemplos de princípios, entre os quais a responsabilidade pela confiança – que está entre os objetos deste

[7] Canaris, Claus-Wilhelm. *Pensamento sistemático e conceito de sistema na Ciência do Direito*, p. 96.

trabalho e, portanto, merece ser consignado, a fim de deixar clara a forma de atuação dos princípios, de acordo com referido autor. O ordenamento afirma a proteção da confiança, mas não a forma como vai atuar, podendo desaguar na pretensão de indenização pelas perdas e danos decorrentes da frustração da confiança ou em pretensão de cumprimento, nos casos de responsabilidade pela aparência jurídica. Ocorre que essa escolha não se baseia apenas na idéia de confiança, devendo ser encontrados outros pontos de vista materiais, os quais, após empregados, resultam em novas questões, a ser solucionadas progressivamente na concretização da tutela da confiança.[8] A partir desse raciocínio, Canaris reafirma a impossibilidade de extrair conseqüências jurídicas imediatas dos princípios, tornando-se necessário, em quase todas as hipóteses, considerar pontos de vista valorativos autônomos, que ingressam no raciocínio jurídico em cada fase da concretização da norma.

Para Castanheira Neves, é peculiar a natureza dos princípios. Segundo o autor, os princípios atuam como fundamentos imediatos da particular normatividade de cada ordenamento, sendo-lhes atribuída uma bivalência normativa, segundo a qual já integram o Direito, ao mesmo tempo que se impõem como intenções reguladoras e de validade dos atos que venham a criar novo Direito, nos mesmos domínios jurídicos.[9] Assim, reconhece a natureza normativa dos princípios com duas funções: nortear o sentido do ordenamento, de acordo com os valores que veiculam; e, ao mesmo tempo, pela sua observância, constituir elemento de validade de decisões concretas, proferidas no âmbito de cada ordenamento.

De todo modo, seguindo a corrente majoritária, que reconhece os princípios como norma em sentido amplo – considerada como todo comando imposto pelo Estado –, cumpre enfrentar outro problema, relacionado à distinção entre os princípios gerais e as outras normas, estabelecendo os critérios para tanto. Os critérios mais adotados podem ser classificados em cinco categorias principais, de acordo com Bobbio, no *Novissimo Digesto*:

1) os princípios gerais são simplesmente normas mais gerais, no sentido de que se aplicam para uma matéria inteira ou um ramo inteiro do Direito; ou valem para toda a esfera dos negócios jurídicos;
2) são normas fundamentais do sistema; verdadeiras vigas mestras, no sentido de que, sem eles, o sistema não pode sustentar-se como ordenamento efetivo e suporte da vida de uma determinada sociedade;
3) os princípios são normas diretivas, princípios-guia ou cardeais, no sentido de que indicam a orientação ético-política que inspira um sistema e o caracteriza do ponto de vista ideológico;

[8] *Idem*, p. 98.

[9] Neves, A. Castanheira. *Metodologia Jurídica. Problemas fundamentais*, p. 279.

4) norma indefinida que comporta uma série indefinida de aplicações; e
5) normas indiretas, que permanecem sem atuação na suficiência das outras normas; ou no sentido de normas com função construtiva e conectiva, consistente na determinação e no resumo do conteúdo de outras normas.

A distinção de aplicação entre princípios e regras, para Guastini, baseada na indeterminação ou na elasticidade da formulação, não revela bons critérios para distinguir os princípios das demais normas. Isso porque, diz o crítico, toda norma pressupõe um enquadramento do caso em uma classe maior, um tipo definido, para ser aplicada, ou não é norma, afirmando que também o princípio é passível de subsunção, de acordo com este raciocínio. Por outro lado, as regras, que seriam normas de menor generalidade, ainda assim não se confundem com ordens específicas, pois são elaboradas de modo geral e exigem uma análise minuciosa do caso concreto para serem aplicadas. Assim, para Guastini, a distinção entre princípios e normas, se existe, é de grau.[10]

Para Dworking, diversamente, a principal distinção entre regras e princípios é de caráter lógico e diz respeito aos respectivos mecanismos de atuação. Segundo o autor, as regras são aplicadas sob a forma do tudo ou nada, pois presentes os fatos previstos pela regra ela será aplicada e, caso contrário, em nada contribuirá para a decisão. Os princípios, diversamente, não apresentam conseqüências jurídicas automáticas quando as condições são dadas, uma vez que não pretendem estabelecer condições que tornem sua aplicação necessária, mas sim enunciar uma razão que conduz o argumento em certa direção. Outra distinção entre regras e princípios consiste na dimensão de peso ou importância, inerente aos princípios, que as regras não têm.[11]

Já a questão das fontes dos princípios gerais pode ser abordada sob o aspecto das fontes materiais ou dos dados da realidade, dos quais se inferem os princípios; ou das fontes formais, isto é, a partir da autoridade que lhes confere o fundamento de validade.

Superada a questão da distinção entre princípios e regras, no limite pertinente a este trabalho, retoma-se a definição de Bobbio para tratar da aplicação e função dos princípios no Direito Positivo. Para conferência e aprofundamento, o leitor poderá recorrer ao verbete *principi generali di Diritto*, no *Novissimo Digesto Italiano*, vol. XIII, páginas 891 a 894, de onde foram retiradas as lições *infra*.

[10] Lopes, José Reinaldo Lima. "Direito Civil e Direito do Consumidor." In: *O Código de Defesa do Consumidor e o Código Civil de 2002*, p. 89.

[11] Dworking, Ronald. *Levando os direitos a sério*, p. 39-42.

De acordo com Bobbio, o art. 3º, do Código Civil italiano, de 1865, fazia referência aos princípios gerais do Direito e a interpretação corrente, tipicamente positivista, era de que se referiam às normas gerais não expressas, alcançáveis mediante sucessivas generalizações das normas particulares do sistema. O prestígio do positivismo era tanto, que juristas austríacos chegaram a identificar os princípios gerais do Direito com os princípios do Direito Positivo, não obstante a alusão aos princípios do Direito natural, constante no art. 7º, do Código Civil austríaco.

Em 1921, Del Vecchio publicou um artigo que deu início a uma nova fase de estudo, sustentando que os princípios gerais do art. 3º, do Código italiano, deviam ser entendidos como princípios do Direito Natural. A partir daí, surge a indagação se os princípios gerais do Direito estão dentro ou fora do sistema; ou, na terminologia de Carnelutti, se correspondem a um meio de autointegração ou de heterointegração do ordenamento jurídico, questões para as quais é difícil encontrar uma única resposta, já que os princípios podem ter fontes diversas e não há uma forma única de enumerá-los e formulá-los.

A teoria da heterointegração, lançada por Del Vecchio, teve vários seguidores. Brunetti e Gangi defendem que a fonte dos princípios está na natureza das coisas. Para Cogliolo, no escopo e na natureza de um determinado instituto, identificando a pesquisa sobre a natureza da coisa com aquela sobre a finalidade econômica e social do instituto. Já Maggiore identifica os princípios gerais com os princípios de eqüidade, que não podem ser obtidos por abstração porque são anteriores à norma particular. E Pacchioni vislumbra a referência a princípios gerais, pelo legislador, como um reclamo à função criadora dos juízes, por meio da jurisprudência.

Esclarece Bobbio que teses intermediárias não faltaram, como a defendida por Brugi, segundo a qual os princípios gerais são princípios de razão, aceitáveis apenas quando o legislador os insere no Direito Positivo. Ou a de Miceli, para quem a interpretação dos princípios gerais não pode desconsiderar a influência do Direito Natural e das idéias jurídicas que vão se formando na sociedade.

De todo modo, o positivismo jurídico não é mais impermeável aos princípios como há algum tempo. A gradual revitalização da função criativa do juiz vem acompanhada de intensificação da corrente sobre a origem extra-sistemática dos princípios gerais, tanto que Betti e Baratta reafirmaram, contra o dogma do positivismo, a tese da função de heterointegração dos princípios gerais, atribuindo-lhes uma força de expansão não meramente lógica, mas axiológica, que transcende o Direito Positivo, de acordo com a definição do dicionário italiano.

Ou seja, o juiz deixa de ser visto como mero operador de uma técnica lógico-formal, para se tornar um agente que interpreta o Direito sem menosprezar os valores que são reconhecidos pela sociedade, por meio dos princípios. Aqui, aparece clara a relação entre princípios e valores aprofundada por Zagrebelsky, embora haja uma diferença, relacionada à alocação dos valores consagrados nos princípios dentro ou fora do sistema. De fato, enquanto os autores cotejados por Bobbio apontam a direção da origem extra-sistemática dos princípios gerais, em conseqüência da revitalização da função criativa do juiz,[12] Zagrebelsky entende que os princípios são a incorporação dos valores pelo sistema positivo e, portanto, localizam-se dentro do sistema, na medida em que são inseridos na Constituição ou em alguma codificação,[13] acompanhando a tese intermediária de Brugi.

Nesses termos, o reconhecimento do cunho axiológico dos princípios não é incompatível com a concepção positiva da ordem jurídica, admitindo-se falar em positivação de valores por meio dos princípios,[14] tanto mais quando se trata de princípios positivados na Constituição ou nas demais normas. Nestes casos, não se pode subtrair o caráter positivo dos valores, como o da solidariedade e o da boa-fé, expressos no art. 3º da Magna Carta e no art. 422 do Código Civil, respectivamente.

Quanto às fontes formais dos princípios, a prevalência do positivismo implica o reconhecimento do mesmo legislador que elabora as regras particulares como autor dos princípios expressos, ou não, no sistema, numa perspectiva em que estes últimos sejam deduzidos por um procedimento de generalização da norma expressa. Em outras palavras, se os princípios gerais não expressos seriam somente aqueles apreendidos por procedimento de generalização da norma legislativa expressa, estando implicitamente contidos no sistema, a fonte dos princípios gerais seria o mesmo legislador. Assim, o procedimento para sua descoberta é meramente interpretativo, a partir da lei ou dos costumes, dependendo da organização do ordenamento.[15]

Para Bobbio, ao definir os princípios gerais do direito no citado dicionário italiano, a opinião positivista – segundo a qual os princípios gerais são

---

[12] "Con la graduale rivalutazione della funzione creativa del giudice è andata di pari passo l'accentuazione dell'origine extrasistematica dei princìpi generali", p. 892, Digesto Italiano.

[13] "Los principios constitucionales, con su apertura a los derechos del hombre y a los grandes principios de justicia (...) parecían constituir uma trampa particularmente peligrosa para la autoridad de la ley (...). Tales principios representam, por el contrario, el mayor rasgo de orgullo del derecho positivo, por cuanto constituyen el intento de " positivizar" lo que durante siglos se había considerado prerrogativa del derecho natural , a saber: la determinación de la justicia y de los derechos humanos" (Gustavo Zagrebelsky. *El derecho dúctil*, p. 114).

[14] Lafer, Celso. "Filosofia do Direito e princípios gerais." In: *O que é Filosofia do Direito?*, p. 62.

[15] Bobbio, Norberto. "Principi generali di diritto." In *Novissimo Digesto Italiano*, p. 892.

regras deduzidas por sucessivas generalizações de norma específica do sistema, admitindo apenas fontes internas – revela uma excessiva simplificação do problema, por desconsiderar que os princípios podem ter fontes diversas e o caminho para alcançar sua formulação não é um só. Por outro lado, consiste no terreno mais sólido e é o procedimento mais seguido pelo juiz em busca da solução para um caso sem norma específica expressa, procurando extrair o princípio de uma ou mais normas do sistema, como ocorreu em relação à vedação do enriquecimento ilícito, durante a vigência do Código Civil italiano de 1865.

Tal procedimento, que objetiva a extração do núcleo da norma, para alcançar o princípio por abstração do particular, assemelha o recurso aos princípios gerais à analogia, a qual consiste em meio de interpretação admitido pelo positivismo, na medida em que a integração da norma ocorre no interior do ordenamento, a partir de elementos predispostos pelo próprio ordenamento.[16]

O procedimento analógico consiste em estender a disposição de uma norma particular expressa a um caso não contemplado, mediante a extração de um princípio que se considera comum à hipótese tratada e à hipótese não prevista pela lei. O procedimento analógico e o recurso ao princípio geral, nesse sentido restrito, indicam um mesmo tipo de argumentação, isto é, um procedimento de subsunção de um caso particular a um princípio geral, justificando-se a distinção terminológica pelo fato de que a subsunção é direta, no caso do recurso aos princípios gerais, e indireta, ou seja, por meio de abstração da norma expressa, no uso da analogia.[17] Tanto a aplicação analógica quanto a dos princípios gerais não é possível quando se trate de regra de Direito que excepcione a norma comum. De fato, prossegue Bobbio, a excepcionalidade bloqueia a extensão analógica porque bloqueia a extração do princípio, a qual somente é possível quando a norma particular consiste em aplicação específica de uma regra mais geral, não expressa.

A analogia é alcançada por método aproximado ao do silogismo, com a diferença de que sua proposição menor, em vez de ser constituída por afirmação de identidade, é constituída por afirmação de semelhança.[18] Tal semelhança, que autoriza a aplicação de uma regra a um caso não previsto, deve ser relevante, reconhecendo-se a existência da semelhança relevante diante da apresentação, no segundo caso, da mesma *ratio legis* ou do mesmo elemento que norteou o legislador a dar ao primeiro caso uma disciplina jurídica. Este fenômeno é identificado pela doutrina como a *capacidade de expansão*

[16] Bobbio, Norberto. *O positivismo jurídico*, p. 215.

[17] Bobbio, Norberto. "Principi generali di diritto." In *Novissimo Digesto Italiano*, p. 895.

[18] Bobbio, Norberto. *O positivismo jurídico*, p. 216.

lógica do ordenamento jurídico, por meio da qual a vontade do legislador, expressa na *ratio legis*, torna uma norma capaz de disciplinar outros casos, além daqueles nela expressamente previstos.[19]

Mas há outros princípios gerais que não se extraem das normas particulares e não derivam de normas expressas no sistema, atuando por meio de procedimentos de interpretação e de integração diversos do procedimento analógico,[20] admitindo-se a possibilidade de heterointegração normativa, que deságua na função de expansão não meramente lógica, mas axiológica, dos princípios gerais.[21]

De acordo com a definição em foco, do Digesto italiano, página 895, os princípios gerais do direito podem ser classificados em pelo menos quatro tipos:

1) princípios derivados não desta ou daquela norma particular, mas do espírito do sistema, a denominada *analogia juris*;
2) princípios extraídos da natureza das coisas, entendendo-se geralmente por natureza do instituto sua função econômico-social;
3) princípios decorrentes das idéias e convicções que constituem a noção de patrimônio comum da humanidade civil; e
4) princípios que emanam das idéias e convicções morais que afloram na sociedade, ainda não absorvidas pelo Direito positivo. É o caso da vedação ao abuso do Direito, que, embora não previsto em muitos ordenamentos, encontra aplicação, pois resulta da consideração, pelo juiz, das exigências ético-políticas que vão se manifestando em determinada sociedade, permitindo a aplicação do instituto independentemente de norma expressa, como ocorre em diversos sistemas jurídicos.

Nesses casos, a incorporação de princípios gerais no ordenamento – como ocorreu mediante a tipificação do abuso do Direito como ilícito, pelo art. 187, do Código Civil brasileiro – corrobora sua existência anterior, ainda que não fossem obtidos pelo método de abstração. Isso fortalece a corrente que admite a existência de princípios que não se extraem das normas particulares e não derivam de normas expressas no sistema, respondendo às exigências éticas de cada sociedade.

Por outro lado, a positivação não enfraquece a função de expansão axiológica dos princípios gerais, na medida em que tais princípios contêm elementos éticos e carga valorativa que impõem, ao intérprete, a consideração e a inclusão da dimensão do valor no processo de compreensão, interpretação e aplicação das normas.

---

[19] *Idem*, p. 218.

[20] Bobbio, Norberto. "Principi generali di diritto." In: *Novissimo Digesto Italiano*, p. 895.

[21] Lafer, Celso. "Filosofia do Direito e princípios gerais." In: *O que é Filosofia do Direito?*, p. 58-59.

A partir do exposto, fica claro que os princípios gerais não constituem uma categoria simples e unitária. Sua natureza, sua origem e seu fundamento variam de acordo com as inúmeras formas em que se apresentam, sendo que, às vezes, se utiliza a mesma expressão para fenômenos diversos. A complexidade do tratamento uniforme do tema relacionado aos princípios também se explica em razão das inúmeras classificações: princípios divididos por matéria (Direito Material, Processual ou Institucional); ou com base na extensão de seu âmbito de validade (princípios gerais de um instituto, de uma matéria, de um campo do Direito ou de um ordenamento jurídico).

Admitida a existência de princípios gerais inspiradores ou informadores de um ordenamento, a questão que se propõe é sobre a existência de uma categoria ainda mais ampla, de princípios válidos para todos os ordenamentos possíveis, que seriam os princípios não apenas gerais, mas universais.[22]A resposta afirmativa a esta pergunta é um traço característico da teoria do Direito Natural. Podem ser incluídos nesta categoria de princípios universais: o princípio de justiça, que abrange vários conteúdos, como o *neminem laedere*; regras deduzidas de impossibilidades lógicas ou incontroversas, como a inviabilidade de condenar alguém ao impossível ou de se transferir mais do que se tem; ou, ainda, as máximas que enunciam as bases de desenvolvimento do ordenamento, como o *pacta sunt servanda.*[23]

Uma última classificação, enunciada por Bobbio na definição de princípios gerais do direito, do *Novissimo Digesto Italiano,* páginas 895-896, diz respeito à função dos princípios, que não é apenas a de preencher lacunas.

Sob enfoque mais amplo, é possível distinguir quatro funções para os princípios:

1) função interpretativa, como ocorre em relação aos princípios fundamentais inscritos na Constituição;
2) função integrativa do ordenamento, tratando-se da função mais reconhecida;
3) função diretiva, própria dos princípios programáticos da Constituição, que devem orientar os legisladores e demais órgãos de produção jurídica; e
4) função limitativa, de respeito às normas das outras entidades da federação ou de outras regiões, dependendo da forma de organização do Estado.

Karl Larenz concorda que a função dos princípios não se limita ao preenchimento de lacunas. Para o autor, os princípios assumem múltiplas funções no ordenamento, operando como alicerces do sistema jurídico, ao fornecerem a pauta de valores nos quais o intérprete deve se basear para

[22] Bobbio, Norberto. "Principi generali di diritto." In: *Novissimo Digesto Italiano*, p. 894.

[23] *Idem*, mesma página.

solucionar questões mais controvertidas (função hermenêutica). Ao mesmo tempo, podem também exercer a função de normas de conduta, regulando imediatamente o comportamento de seus destinatários (função regulativa).[24]

À guisa de conclusão, Bobbio afirma que o estudo das classificações revela que há princípios de dentro e de fora do sistema, cujos graus de intensidade vinculante são diferentes (máxima, nos princípios com função limitativa e integrativa; e menor no que tange às funções interpretativa e diretiva), sem que desapareça por completo a função sistemática da construção dos princípios.[25]

4.3. A incorporação de valores no ordenamento, por meio dos princípios

A concepção dos princípios como veículos de valores, esboçada neste trabalho, está de acordo com a visão ampla do positivismo na classificação de Bobbio, pois o objeto do estudo são princípios inseridos na legislação, que, portanto, gozam dos atributos da coação e da imperatividade inerentes à norma estabelecida pelo Estado. Por outro lado, pressupõem a reflexão e a ponderação em sua aplicação, o que denota a possibilidade de colisão entre os valores envolvidos, implicando a recusa da coerência e completude do ordenamento, bem como da tese da interpretação mecanicista.

Igualmente, está afinada com as lições de Miguel Reale, para quem os valores integram a experiência jurídica. Como sintetizado por Marcos Peixoto Mello Gonçalves, na Teoria Tridimensional do Direito, fato, valor e norma formam uma unidade concreta, dinâmica e histórica, tratando-se de dimensões que podem ser distinguidas, mas não isoladas, entre as quais se estabelece relação de polaridade, não de oposição, mas de complementação recíproca.[26]

No curso Filosofia do Direito, o professor Reale diferencia os valores dos objetos ideais, integrantes do mundo do *ser*, ao lado dos objetos naturais, que podem ser físicos ou psíquicos. A existência dos objetos ideais é autônoma e distinta do pensamento, mas não independente do ato de pensar. O valor, por seu turno, implica uma tomada de posição ante a realidade, representando o mundo do "dever ser", das normas ideais, segundo as quais se realiza a existência humana, refletindo-se em formas de comportamento. Assim, enquanto os objetos ideais integram o mundo do *ser*, os valores fazem

---

[24] Larenz, Karl. *Metodologia da Ciência do Direito*, p. 577 e ss.

[25] Bobbio, Norberto. "Principi generali di diritto." In: *Novissimo Digesto Italiano*, p. 896.

[26] Gonçalves, Marcos Peixoto Mello. "Sentido do Tridimensionalismo em Miguel Reale." In: *Revista Brasileira de Filosofia*, vol. LIV, p. 312.

parte do *dever ser*, operando distinção com os autores em geral, que alocam os valores como meras espécies de objetos ideais.[27]

São características dos valores a bipolaridade, a implicação, a referibilidade, a preferibilidade, a incomensurabilidade, a graduação hierárquica, a objetividade, a historicidade e a inexauribilidade.[28] Ser bipolar significa que a um valor sempre se contrapõe um desvalor, que com o primeiro conflita e se implica, em um processo dialético. A característica da implicação denota que os valores se implicam reciprocamente, no sentido de que não se realizam sem influir, direta ou indiretamente, na realização dos demais. A terceira característica dos valores é estabelecida pela inclinação humana a "*ser como deve ser*", o que leva a considerar sua necessidade de sentido, pois tudo aquilo que vale, vale para algo ou vale no sentido de algo e para alguém, tratando-se da característica da referibilidade. Os valores, portanto, têm um sentido e envolvem uma orientação, podendo ser ordenados e graduados em ordem preferencial ou hierárquica, o que explica as características da preferibilidade e da graduação hierárquica, embora sejam incomensuráveis. Em razão da característica da objetividade, os valores impõem-se objetivamente às nossas experiências subjetivas, exigindo que façamos breve referência às principais doutrinas sobre a gênese e a força vinculante dos valores. A realização dos valores, por meio de sua projeção no mundo histórico-cultural, garante a existência de experiências que lhes conferem significado, ao mesmo tempo em que acarreta a impossibilidade de coincidência dos valores com a consciência que possamos ter deles, superando-a sempre por meio de um processo dialético que envolve a dimensão histórica do homem.

Para o professor Reale, a interdependência entre o fato, o valor e a norma fazem do Direito uma estrutura necessariamente axiológico-normativa, de tal modo que seria impossível pensar o Direito apartado dos fins que orientam a conduta humana em determinado momento histórico e cultural. O valor constitui a experiência jurídica, na medida em que é inerente a toda atividade humana, destinada a satisfazer um valor ou impedir que sobrevenha um desvalor, afirmando-se que os bens materiais ou espirituais construídos pelo homem são "cristalizações de valor".[29] Já os fatos, são entendidos pelo professor Reale, como fenômenos que se oferecem à cogitação e à ponderação do legislador, exigindo opção entre todos os elementos sociais, econômicos, políticos e outros – inclusive o Direito já existente – pois não se trata de acontecimento isolado, mas sim de um conjunto de circunstâncias

---

[27] Reale, Miguel. *Filosofia do Direito*, p. 184-191.

[28] *Idem*, p. 191.

[29] *Idem*, p. 543.

de natureza psicológica, histórica, econômica e geográfica. Nesse contexto, a regra jurídica resulta de processo espiritual dialético, pelo qual o fato passa pelo critério das estimativas do Poder e se consubstancia nos esquemas de fins que devem ser atingidos, convertendo-se os valores incidentes sobre os fatos em normas jurídicas, mediante a interferência do Poder. Por isso, cada modelo jurídico representa "uma solução temporária (momentânea ou duradoura) de uma tensão dialética entre fatos e valores, solução esta estatuída e objetivada pela interferência decisória do Poder em dado momento da experiência social",[30] tratando-se de fundamento teórico para a concepção dos princípios do Direito Positivo como veículos de valores. Nesses termos, o ato decisório é entendido pelo professor Reale, como o resultado de uma preferência entre valores, à semelhança do que ocorre com os princípios, cujos valores representados foram escolhidos pelo Poder, resultando em sua positivação.

A relação entre os valores que permeiam a sociedade e os princípios jurídicos é dissecada de modo particular por Canaris, a partir do desenvolvimento do conceito de sistema no Direito, entendendo-se o sistema como ordem de valores, de tal modo que cada ordem jurídica estaria baseada em alguns valores jurídicos, para cuja proteção ela serve.[31] O autor distingue *princípio* e *valor*, com base na existência, no primeiro, da bipartição previsão e conseqüência jurídica, característica da proposição de Direito, afirmando que o princípio está num grau de concretização maior que o valor. Ora, diferenciar os valores dos princípios, com base nas características das proposições jurídicas, não deixa de significar, em outras palavras, que os princípios são meios de incluir os valores no ordenamento; ou seja, são veículos de valores.

A inclusão dos princípios e dos valores que eles representam como integrantes do sistema positivo é relevante para assegurar sua observância, em decorrência da coatividade e da imperatividade da norma, servindo de norte na interpretação do Direito e evitando o lidar irrefletido e burocrático, que concorreria para o enfraquecimento do sistema, pela incapacidade de dar conta das exigências sociais. Nessa medida, pensar o Direito à luz dos valores responde mesmo à sociedade, cujas demandas passam a exigir respostas não meramente baseadas em uma ética formal, indicando a insuficiência do positivismo e da concepção do Direito como algo ligado à natureza ou como um dado que não precisa ter explicação ou ser justificado.[32]

---

[30] Reale, Miguel. *Filosofia do Direito*, p. 554.

[31] Canaris, Claus-Wilhelm. *Pensamento Sistemático e conceito de sistema na Ciência do Direito*, p. 86.

[32] Comparato, Fábio Konder. "O Direito como parte da ética." In: *O que é a filosofia do Direito?*, p. 4.

A relação entre o Direito e o fenômeno social é tema da Sociologia Jurídica. Na lição de Jean Carbonnier, a separação entre o jurídico e o social não-jurídico não é algo imutável na História, produzindo-se deslocações na determinação do domínio do Direito. É exemplo disso o fenômeno da *laicização*, pelo qual o Direito se separou dos comandos religiosos com os quais formava uma massa indistinta, bem como da moral, acompanhando a filosofia liberal e individualista do século XIX, que predispôs os espíritos a considerar natural e necessária a purificação do Direito.[33] Por outro lado, o século XX mostrou a reversibilidade de tal movimento de separação, inclusive mediante o reaparecimento, no Direito, dos deveres de caridade que haviam sido rejeitados para a moral, como ocorrido pela tipificação penal da omissão de socorro, desde 1941, no Código francês.[34] O mesmo delito, tipificado no art. 135, do Código Penal brasileiro, é lembrado por Fábio Comparato, para ilustrar sua afirmação de que "É inegável a influência da Moral sobre o Direito".[35] Com base na parábola do bom samaritano, o professor afirma que a rivalidade entre judeus e samaritanos era mais virulenta do que a atual oposição entre judeus e palestinos, de tal modo que a prestação do socorro era uma manifestação de amor heróico, uma atitude considerada utópica, irrealista e revolucionária, hoje inscrita em todos os Códigos Penais. A partir daí, pode-se constatar a assimilação da obrigação ética de prestar socorro ao necessitado, pelo Direito positivo, fenômeno que se repete na História em relação aos valores considerados importantes para o convívio humano, em determinado momento histórico-cultural.

Neste ponto, é relevante tecer breves considerações históricas sobre a autonomia da vontade, cujo exercício desmedido acabou sendo uma das causas que demonstraram a necessidade da consideração de valores pelo Direito e ensejaram o fortalecimento da idéia dos princípios como veículos de valores ou como a positivação de valores que vinculam a interpretação da norma à realização de tais valores, tanto pelos destinatários quanto pelos legisladores e julgadores.

A Idade Média não reconhecia o primado da vontade individual, pois prevaleciam os limites da fé, da moral e do bem comum na proteção dos interesses da comunidade familiar, religiosa ou econômica, que se sobrepunha aos interesses dos indivíduos.[36] Nesse contexto, a autonomia da vontade não tinha expressão relevante diante da força do princípio comunitário do Direito, que se contrapunha ao individualismo e à concepção de liberdade do

---

[33] *Sociologia Juídica*, p. 187-188.

[34] *Idem*, mesma página.

[35] Comparato, Fábio Konder. "O Direito como parte da ética." In: *O que é a filosofia do Direito?*, p. 7.

[36] Gilissen, John. *Introdução histórica do Direito*, p. 737.

indivíduo para se obrigar ou não, orientado apenas por sua vontade consciente. No século XVI, a doutrina da autonomia da vontade surge com o Humanismo e com a Reforma, combatendo-se a Escolástica e insistindo-se no homem enquanto individualidade própria, com liberdade intelectual e vontade livre. Com a escola do Direito Natural, a partir do século XVII, a autonomia da vontade torna-se doutrina, desenvolvida sobretudo por Grócio, para quem "a vontade é soberana; o respeito à palavra dada é uma regra de direito natural; *pacta sunt* servanda é um princípio que deve ser aplicado não apenas entre os indivíduos, mas também entre as nações".[37] Tais idéias tornaram-se a base do sistema geral de filosofia política e social no século XVIII, considerando-se a sociedade "como um conjunto de homens livres e autônomos, que não se ligam entre eles senão pela vontade".[38] Em resposta às concepções políticas e econômicas do século XIX, quais sejam o individualismo e o liberalismo, os juristas da Escola Exegética desenvolveram plenamente a teoria da autonomia da vontade, com a conseqüente liberdade absoluta nos contratos entre compradores e vendedores, patrões e operários, senhorios e inquilinos etc., que obrigavam as partes, ainda que se revelassem injustas ou socialmente graves ou perigosas, pois "estava-se convencido de que todo compromisso livremente querido era justo".[39] Na segunda metade do século XIX e durante o século XX apareceram reações contra a concepção da teoria individualista e liberal dos contratos, a partir dos abusos que se verificaram pelo exercício ilimitado da liberdade, denunciados por pensadores socialistas como Comte, Saint-Simon e Karl Marx.

Isso porque o longo processo de industrialização, iniciado na primeira metade do século XX, alterou a estrutura da sociedade, modificando o estrato social e contribuindo para o desenvolvimento de doutrinas reivindicacionistas e de movimentos sociais instigados pelas dificuldades econômicas, caracterizando uma pressão social que reclamava a ação do legislador. Assim, por volta de 1900, algumas leis passaram a regulamentar o contrato de trabalho. Posteriormente, consagrou-se o direito de greve e foram instituídas as convenções coletivas; limitando-se a liberdade individual nos contratos em geral, do que é exemplo o seguro obrigatório de responsabilidade civil dos proprietários de veículos automóveis. No Direito brasileiro, igualmente, o legislador assumiu intervenção assistencialista, inspirado no *Welfare State*, que se corporifica a partir dos anos 30 e tem assento constitucional em 1934.

---

[37] *Idem*, p. 737-738.

[38] *Idem*, p. 738.

[39] *Idem*, p. 739.

De fato, as conseqüências de desigualdade, desequilíbrio e tensões nas relações sociais em geral, decorrentes dos direitos preconizados pela tradição liberal, fundados exclusivamente na vontade individual exercida com liberdade, implicaram, na análise de Ascarelli, uma ruptura na dogmática, que consiste na "crise entre o instrumental teórico e as formas jurídicas do individualismo pré-industrial, de um lado; e, de outro, a realidade econômica industrial ou pós-industrial, que repelem o individualismo",[40] tornando insuficientes os limites à autonomia da vontade admitidos até então, basicamente a ordem pública e os bons costumes.

Em relação às normas de costumes, elas atuam como normas que se diferem das normas jurídicas por não contarem com o aparelho de coação, ao mesmo tempo que se distinguem da ética (ou ciência do bem e do mal), cuja única sanção é a voz interior da consciência individual, como ensina Jean Carbonnier. Isso porque, prossegue o autor francês, a observância dos costumes não importa apenas ao elemento psicológico do indivíduo, pois consiste em problema social, cuja exterioridade se aproxima do Direito.[41] Daí a importância dos costumes, sempre reconhecida pelo Direito.

A alusão aos costumes, na lei, foi entendida por Ripert como uma abertura do Direito positivo à moral. Na sua obra *A Regra Moral nas Obrigações Civis*, ele afirma, a partir da análise do Código Civil francês, que a limitação do poder contratual e de outros direitos, pelos costumes, significava confiar aos tribunais o controle da moralidade dos atos, refreando a expansão da vontade individual para assegurar a observância da regra moral, atribuindo ao juiz a guarda da moral mediante a censura de manifestações individuais abusivas.[42] Tratar da influência da moral sobre o Direito, ainda que por meio dos costumes, não deixa de significar o reconhecimento da existência de valores subjacentes às leis, cuja necessidade de consideração pelos operadores do Direito foi há muito afirmada. Na atualidade, isso ocorre não com base no apelo à moral, mas mediante a introdução de princípios, como resultado da captação, pelo legislador, daquilo que é relevante de ser tutelado em cada sociedade.

Nessa perspectiva, admite-se a assimilação jurídica de valores, princípios, padrões e modelos, afirmados como pré-jurídicos na maioria das vezes, que se transformam em princípios e critérios jurídicos, passando a constituir fundamentos da juridicidade.[43] Por isso, invoca-se, por exemplo, a diligência do bom pai de família como critério de comportamento válido, correto,

---

[40] Tepedino, Gustavo. *Temas de Direito Civil*, p. 6.

[41] Carbonnier, Jean. *Sociologia Jurídica*, p.179.

[42] Ripert, Georges. *A regra moral nas obrigações civis*, p. 57.

[43] Neves, A. Castanheira. *Metodologia Jurídica. Problemas fundamentais*, p. 281.

exigível e razoável ou aceitável, a partir de critério social que acaba padronizado em conseqüência de sua aprovação ética.[44] No caso da boa-fé, Castanheira Neves a inclui expressamente como conteúdo pré-jurídico, incorporado ao ordenamento jurídico em conseqüência da aprovação ética da tipicidade social da conduta que revela, a qual, por esta razão, acaba por ser aceita e padronizada socialmente. Nesse ponto, cumpre consignar que o reconhecimento do caráter pré-jurídico da boa-fé reafirma a importância da perspectiva antropológica de Hannah Arendt, tratada na primeira parte deste trabalho, pois a necessidade do convívio, como essencial para a afirmação da condição humana, e da confiança, para tornar esse convívio possível, denota a relevância da boa-fé, anteriormente à sua incorporação pelo Direito.

A síntese entre os princípios e valores é designada por Castanheira Neves como "consciência axiológico-jurídica", revelada, no contexto jurídico, pelos princípios jurídicos fundamentais, nos quais a idéia do Direito se determina sistematicamente na construção de uma ordem jurídica válida. Para o autor português, os valores e princípios fundamentais que integram o sistema jurídico não se limitam àqueles positivados. Em suas palavras:

> Até porque a última expressão da juridicidade não pode, desde logo, identificar-se com a constitucionalidade. Para além da normatividade constitucional, e a submetê-la, há que referir a axiologia transpositiva da consciência axiológico-jurídica de que não dispõe o dispositivo constitucional ou de que não é titular sem limites o poder constituinte, como que ele se afirme.[45]

A relação é dialética, pois a realidade influi na construção do Direito pela assimilação de valores, princípios, padrões e modelos pré-jurídicos, socialmente aprovados, que passam a servir de fundamento para elaboração das leis. Ao mesmo tempo, pretende-se estimular comportamentos desejáveis e assegurar a observância de valores relevantes, por meio dos princípios dotados da coação inerente às normas, na autêntica função promocional do Direito, na nomenclatura de Bobbio.[46] De fato, mesmo que se reconheçam princípios sem a natureza de norma positiva, na esteira de Canaris e Castanheira Neves (como já exposto) e de Larenz (para quem os princípios podem tomar a forma de proposições jurídicas ou princípios abertos, estes últimos sem o caráter de norma) sempre estará subjacente a noção de "idéias jurídicas materiais",[47] veiculando os valores consagrados pelo sistema e direcionando seu desenvolvimento, sua interpretação e sua aplicação.

---

[44] *Idem*, p. 280-281.

[45] Neves, A. Castanheira. *Metodologia Jurídica. Problemas fundamentais*, p. 282.

[46] Bobbio, Norberto. *Dalla strutura alla funzione – Nuovi Studi di teoria del diritto*, p. 13-32.

[47] Larenz, Karl. *Metodologia da Ciência do Direito*, p. 674 e 682-683.

Por isso, pode-se afirmar que a defesa de valores fundamentais pelo ordenamento não mais se limita a impedir a ultrapassagem da esfera individual de cada um. Isso se dá de forma ativa, promovendo e incentivando a atividade estatal e dos sujeitos privados no alcance de suas finalidades,[48] para o que é útil operar por princípios. Procura-se construir ou reconstruir contextos objetivos de interesse comum, em que preponderem soluções objetivas, baseadas no conteúdo e nas finalidades das atividades desenvolvidas pelos sujeitos de direito, pois garantir o puro e simples arbítrio das vontades individuais tornara-se insuficiente. Para tanto, os princípios são importantes instrumentos à disposição do legislador, pois, nas palavras de Daniel Sarmento, "possuem um matiz axiológico mais acentuado que as regras, desvelando mais nitidamente os valores jurídicos e políticos que condensam".[49]

O Direito passa a não mais ser encarado como conjunto de condições sob o qual o arbítrio de um pode conciliar-se com o arbítrio do outro segundo uma lei universal de liberdade, de acordo com a lição de Kant; nem o puro e simples formal acordo de vontades, segundo a fórmula hegeliana, mas sim um conjunto de condições que orientam as atividades públicas e privadas na defesa de interesses materiais indisponíveis. É uma ordem objetiva prevista para limitar a instabilidade das vontades, baseada em uma exigência de justiça geral.[50]

Para tanto, o legislador passou a inserir elementos que compõem a idéia de justiça nas Constituições, trazendo condições para a superação da redução da justiça à lei, operada pelo positivismo do século XIX, o que resultou em transformação do próprio positivismo, mediante a afirmação de valores.

A transformação do positivismo, a partir dos princípios positivados pelas Constituições modernas, foi tema de Gustavo Zagrebelsky, na obra *El derecho dúctil,* cujas idéias foram acrescidas a este trabalho e podem ser conferidas pelo leitor. [51]

Para o positivismo jurídico restrito, na análise de Zagrebelsky, a justiça era o que a lei definia como tal, e a relação lei-justiça correspondia à relação lei-Direito. Questões além dessa equação eram admitidas no plano da experiência ética, mas não no plano jurídico. O ordenamento jurídico expressava os interesses liberais burgueses, refletindo uma concepção hegemônica de justiça. As críticas e as outras possíveis visões de justiça eram, portanto, externas e antijurídicas. Mas, como já afirmado, a História acabou por demonstrar a insuficiência deste modo de lidar com o Direito para alcan-

[48] Zagrebelsky, Gustavo. *El derecho dúctil*, p. 93.

[49] Sarmento, Daniel. "Os princípios constitucionais e a ponderação de bens." In: *Teoria dos Direitos Fundamentais*, p. 50.

[50] Zagrebelsky, Gustavo. *El derecho dúctil*, p. 94.

[51] *Idem*, p. 96-120.

çar sua finalidade de regulador do comportamento humano em sociedade, ensejando reflexões sobre a importância da afirmação de valores, por meio dos princípios.

Afirma Zagreelsky que o significado objetivo de inserir princípios de justiça na Constituição é a intenção de moderar o potencial agressivo, desagregador e destrutivo dos direitos orientados para a satisfação da vontade individual, revelando a descrença na ordem espontânea que seria alcançada apenas pelas regras procedimentais. A experiência demonstrara que o poder tecnológico e a diversa disponibilidade de meios econômicos foram fatores que aumentaram a desigualdade entre os poucos que estavam em situação de domínio ativo e os muitos em posição de domínio passivo, rompendo o equilíbrio que seria necessário para a real liberdade no exercício da vontade. Mas a constatação da insuficiência do aparato formal do Direito, descomprometido com valores, não se baseou exclusivamente nas distorções que se verificaram no exercício da autonomia da vontade.

O fato histórico da Segunda Guerra Mundial foi outro elemento que revelou a insuficiência das regras procedimentais para garantir a idéia de homem, do seu valor e a razoabilidade do comportamento humano. A partir dos horrores de Auschwitz, pode-se extrair um argumento a favor dos direitos humanos, com base no sofrimento das vítimas e na esperança de que fatos como esse não se repitam. Mas, a mesma natureza humana que repele a dor das vítimas foi capaz de criá-la, o que permite avançar um passo adiante no sentido de reconhecer o erro de querer fundamentar sobre uma idéia ética do homem, positiva e acrítica, o reconhecimento de direitos individuais absolutos que constituem o fundamento para a supremacia da vontade.

A desconfiança gerada pelo comportamento humano, que se mostrou capaz de coisas terríveis com seu semelhante, leva a procurar uma defesa contra os aspectos agressivos dos direitos individuais. E os princípios objetivos de justiça servem para isso: obrigam a vontade a moderar-se e a conformar-se em não ser a única força constitutiva do Direito e a converter-se, ela mesma, em objeto passível de juízo de validade, na visão do autor em foco. Assim, uma das funções dos princípios é defender os direitos humanos de aspectos agressivos da vontade, que aparecem quando não há limites ao seu exercício, demonstrando a necessidade de aceitar outras forças constitutivas do Direito, além da vontade, para garantir o respeito ao valor do homem. Por isso, constatada a insuficiência da regra esvaziada de conteúdo axiológico, afirma-se a importância dos princípios, como válvulas de segurança do ordenamento, para o controle dos aspectos agressivos e destrutivos da vontade humana.

A eficiente atuação dos princípios, na salvaguarda dos valores neles condensados, não prescinde da atividade do intérprete, por método diverso daquele preconizado pelo positivismo estrito.

Para o positivismo, a produção do Direito é determinada pela vontade criadora, enquanto o conhecimento do Direito, a ciência jurídica, dependeria puramente de reflexão racional, tratando-se a razão e a vontade de duas faculdades do espírito humano, sem qualquer conexão.[52]

Na lição de Kelsen, o órgão julgador teria ampla liberdade de criar a norma jurídica, por meio da sentença, pois o autor reconhece a existência de várias possibilidades de aplicação do Direito Positivo, em conseqüência da abstração das normas. E afirma a ausência de critérios jurídicos para definir qual solução seria melhor.[53] Metaforicamente, Kelsen compara o Direito a interpretar e a aplicar com uma moldura, dentro da qual existem várias possibilidades de preenchimento, sendo todas conforme o Direito, desde que se mantenham dentro da moldura. Uma eventual atividade cognoscitiva do órgão julgador no processo criativo do Direito, para além da fixação da moldura, não compreende o conhecimento do Direito Positivo, mas de outras normas, como as da moral, de justiça e de valor, as quais não são passíveis de controle de sua validade e verificabilidade, pelo Direito Positivo. Nas palavras do autor: "Relativamente a este [o Direito Positivo], a produção do ato jurídico dentro da moldura da norma jurídica aplicanda é livre, isto é, realiza-se segundo a livre apreciação do órgão chamado a produzir o ato."[54] Assim, a interpretação pelo órgão julgador envolve uma operação de conhecimento (escolha da moldura ou da norma jurídica a ser interpretada) e um ato de vontade, pelo qual o órgão julgador elege um entre os significados possíveis, interpretação esta denominada autêntica e criadora do Direito. À interpretação autêntica – ou seja, aquela realizada pelo órgão julgador – opõe-se a interpretação da ciência jurídica que, por sua vez, não é criativa do Direito, limitando-se a descrevê-lo e a estabelecer as significações de uma norma jurídica. Kelsen nega a existência de uma "interpretação correta" da norma pela interpretação jurídico-científica, afirmando que se trata de "ficção de que se serve a jurisprudência tradicional para consolidar o ideal de segurança jurídica".[55] Para ele, afirmar que uma interpretação é melhor que a outra baseia-se exclusivamente em juízo político, sem valor científico, que não se justifica em uma exposição científica do Direito Positivo.

---

[52] Para maior aprofundamento, repete-se a fonte: Gustavo Zagrebelsky, *El derecho dúctil*, p. 96-120.

[53] Kelsen, Hans. *Teoria pura do Direito*, p. 364-369.

[54] *Idem*, p. 369.

[55] *Idem*, p. 371.

Nessa perspectiva, o positivismo kelseniano nega a possibilidade de atuação racional da vontade dirigida a um determinado fim, ao sustentar o descomprometimento do Direito com alguma finalidade que tornasse uma interpretação mais adequada que outra; afirmando a liberdade do julgador no preenchimento da moldura do quadro, sem controle pelo Direito positivo, em razão de resultar de ato de vontade norteado pelas normas da moral, dos valores e da justiça – não necessariamente razoáveis e racionais, de seu ponto de vista.

Por outro lado, a atuação conjunta da razão e da vontade é apontada por Aristóteles, para quem a ação é controlada pela sensação, pela razão e pelo desejo, chamando de intelecto prático aquele que resulta do encontro entre o reto desejo deliberado e o raciocínio verdadeiro. Em suas palavras:

> A origem da ação – sua causa eficiente, não final – é a escolha, e a da escolha é o desejo e o raciocínio com um fim em vista. *Eis aí por que a escolha não pode existir nem sem razão e intelecto, nem sem uma disposição moral; pois a boa ação e o seu contrário não podem existir sem uma combinação de intelecto e de caráter*" (grifo meu).[56] Cumpre lembrar o elemento ético presente na filosofia aristotélica, que identifica a virtude com o hábito do agir humano voltado para o bem e para a verdade, em busca da felicidade. Desse modo, fica clara a interação entre a vontade e a razão, na lição de Aristóteles, na medida em que a ação finalista pressupõe uma escolha anterior, guiada pelo desejo e, ao mesmo tempo, orientada pelo raciocínio, resultante, portanto, da razão e do desejo simultaneamente considerados.

Nesse sentido, a inclusão de princípios no Direito Positivo constitucional tem por objetivo exatamente estabelecer valores e fins para as atividades jurídica e jurisdicional, diminuindo a liberdade do órgão julgador, preconizada pelo positivismo de Kelsen, e aproximando a interpretação da sabedoria prática aristotélica. Isso porque a observância obrigatória e a vinculação das normas estabelecidas pelo Estado tornam os valores contidos nos princípios verdadeiras finalidades do ordenamento, cujo alcance deve ser perseguido pelos operadores do Direito, limitando a vontade do órgão julgador. Por outro lado, a introdução de valores no ordenamento traz consigo implicações racionais inerentes ao raciocínio deliberativo e ponderado, em conseqüência da insuficiência da lógica e da subsunção para a aplicação dos princípios. Nesses termos, verifica-se a aproximação da vontade e da razão na metodologia da aplicação do Direito, superando a bipartição operada pelo positivismo kelseniano.

As funções orientadora e delimitadora dos valores e dos princípios permitem avaliar o conteúdo acertado ou desacertado das atuações jurídi-

[56] *Ética a Nicômaco,* 1.138 *a* 33. In: *Os pensadores*, p. 142.

cas, entendendo-se como arbitrárias as decisões jurídicas insustentáveis do ponto de vista axiológico.[57] Nessa medida, os valores, veiculados em princípios ou cláusulas abertas, em vez de resultarem em insegurança jurídica fornecem parâmetro para a interpretação do Direito, vinculando o juiz aos fins tutelados pelo legislador.

Desse modo, os elementos éticos tornados princípios pelo legislador, no encontro do Poder político com a realidade e os valores subjacentes, na lição de Miguel Reale, implicam a inclusão de valores no ordenamento. Por isso, na lição de Ricardo Lorenzetti, os princípios atuam como normas delimitadoras materiais,[58] que projetam a produção jurídica no sentido que indicam, vinculando os operadores do Direito a realizar os valores contidos nos princípios, comprometendo, assim, sua atuação, de forma substancial, com a proteção do homem e do convívio humano.

Por fim, cumpre afirmar que a idéia, corrente na crítica positivista, de que o recurso à justiça - e porque não dizer a valores em geral - representa uma ameaça de ética totalitária estatal, em conseqüência da incerteza, que permite conteúdos diversos a serviço de diferentes ideologias, não será combatida simplesmente eliminando a dimensão da justiça, mas sim legitimando uma tensão e um livre enfrentamento entre as diversas concepções de justiça, pluralmente admitidas pelas Constituições, para tornar possível sua conciliação num momento histórico concreto.[59] Além disso, o Direito, enquanto técnica, é neutro quanto a valores, pois a técnica é mero instrumento que "pode servir à vida, como pode servir à morte",[60] de modo que a afirmação de valores, como a justiça e a solidariedade, afigura-se necessária para servir de norte ao ordenamento e evitar que o Direito fique "desbussolado",[61] orientando a interpretação de todas as normas.

4.3.1. O Direito Positivo por princípios e o Direito Natural, na visão de Zagrebelsky

No capítulo anterior, ficou consignada a interação entre os princípios e os valores, incluindo-se a dimensão do valor dentro do ordenamento, o que não era admitido no positivismo de Kelsen, para quem o tratamento avalorativo do Direito visava garantir seu *status* científico. A crítica positivista ao tema dos valores fixava um de seus objetos de ataque no Direito natural,

[57] Lorenzetti, Ricardo Luis. *Fundamentos do Direito Privado*, p. 323.

[58] *Idem*, mesma página.

[59] Zagrebelsky, Gustavo. *El derecho dúctil*, p. 95.

[60] Comparato, Fábio Konder. "O Direito como parte da ética." In: *O que é a filosofia do Direito?*, p. 6.

[61] *Idem*, mesma página.

negando a existência de ordem superior (teológica ou racional), incontrolável pelo homem, que, de qualquer modo, influísse na criação humana do Direito. Diante disso, a inserção de valores, por meio dos princípios, acaba por aproximar o Direito Positivo do Direito Natural, na medida em que os princípios devem ser observados independentemente da vontade da pessoa, vinculando o operador do Direito a valores que lhe são superiores, no sentido de inafastáveis por sua convicção ou conveniência.

Neste ponto, são relevantes as lições de Gustavo Zagrebelsky, desenvolvidas na obra *El derecho dúctil* para elucidar o tema. Segundo o autor, a crítica positivista às normas constitucionais de princípios visava, além da defesa do verdadeiro Direito em face das incursões políticas, à preservação da positividade do Direito perante o que entendia ser a destrutiva incidência do Direito Natural.

Mas, Zagrebelsky responde que os princípios não são ingerência do Direito Natural. Eles representam, ao contrário, motivo de orgulho do Direito Positivo, na medida em que denotam a incorporação ao Direito Positivo daquilo que havia sido considerado prerrogativa do Direito Natural: a preocupação com a justiça e com os direitos humanos. A separação dos direitos e da justiça legal não significa, como ocorre nas doutrinas jusnaturalistas, que os primeiros estejam fundados numa ordem objetiva, intangível para a vontade humana; pois os direitos encontram sua base na Constituição, que é, por definição, uma criação política e não um simples reflexo de uma ordem natural.

De outro lado, os princípios constitucionais sobre o Direito e a justiça não se confundem com normas legislativas simplesmente reforçadas por sua especial forma constitucional. Eles representam as vontades políticas dos sujeitos políticos, coordenados para a consecução de um objetivo comum: estabelecer princípios que estejam acima dos interesses particulares e permitam a convivência de todos. A aprovação pela Assembléia Constituinte dá-se por maioria qualificada, revelando a profundidade do pacto entre os grupos políticos quando se trata dos princípios constitucionais, de modo que todos possam reconhecer-se nas normas de princípios universalistas e abstratas. Nessa medida, aponta Zagrebelsky, os princípios constitucionais têm estrutura parecida com os princípios do Direito Natural, como proposições aplicáveis a todos, mas com eles não se confundem, visto que seu fundamento é o consenso e não uma ordem superior teológica ou racional.

O fato de os princípios constitucionais não se confundirem com os princípios do Direito Natural, uma vez que a Constituição consiste na manifestação mais alta do Direito Positivo, não torna mais fácil sua aplicação, pois, na referência de Zagrebelsky a Habermas, sua interpretação adquire cada vez mais o aspecto de uma Filosofia do Direito,[62] envolvendo a ponderação dos valores consagrados pelo sistema, cuja eventual colisão implica a necessária reflexão deliberativa e filosófica.

Nos Estados constitucionais modernos, os princípios morais do Direito Natural foram incorporados ao Direito Positivo, de tal modo que grandes temas – como os direitos do homem e a justiça – inseridos na Constituição são o resultado da confluência de aspectos positivistas e jusnaturalistas, que se encontram no estágio de desenvolvimento atual do Direito; ou seja, os princípios representam a positivação de conteúdos morais afirmados pelo Direito Natural,[63] transformando-os, dessa forma e de acordo com Kelsen, em Direito Positivo.[64]

A análise comparada que Zagrebelsky leva a cabo entre o Direito Positivo e o Direito Natural abrange também o tema dos valores, tratando-se da base teórica que foi utilizada para a construção das idéias que se seguem até o final deste item.[65]

Segundo afirma o autor em foco, os princípios têm alcance mais amplo que uma mera função acessória das regras, e sua importância diante da realidade é autônoma. Além disso, não prescrevem uma ação, de acordo com o pressuposto normativo, mas impõem uma tomada de posição diante das eventualidades concretas da vida, dos imprevistos não contidos na norma.

Iluminada pelo princípio, a realidade vivifica-se e adquire valor, deixando de ser objeto passivo ou caso concreto a ser enquadrado pela norma, como entendido pelo positivismo, e revestindo-se de qualidades jurídicas próprias, o que implica a atenuação da rígida incomunicabilidade entre o *ser* e o *dever ser*, sustentada pelo positivismo. O valor incorpora-se ao fato e impõe uma tomada de posição jurídica por todos os destinatários da norma, inclusive os legisladores e o poder público, substituindo a liberdade de que gozaria o intérprete na concepção positivista dualista – que separa o mundo jurídico do *dever ser*, do valor, do atuar e da vontade, do mundo da realidade, do conhecimento e da razão.

Embora Zagrebelsky afirme que o "ser", apreendido no mundo das coisas, iluminado pelo princípio, ainda não contenha em si o "dever ser", ou a definição jurídica pela regra, sustenta que pelo menos indica a direção em que a regra deve ser aplicada, para não contradizer o valor contido no princí-

---

[62] Zagrebelsky, Gustavo. *El derecho dúctil*, p. 114-116, citando J. Habermas, *Morale, Diritto, Política* (Torino: Einaudi, 1992), p. 17.

[63] Zagrebelsky, Gustavo. *El derecho dúctil, op. cit.*, p. 116.

[64] Kelsen, Hans. *Teoria Pura do Direito*, p. 369.

[65] Zagrebelsky, Gustavo. *El derecho dúctil*, p. 118-122.

pio, traduzindo-se na diminuição da margem de influência das convicções pessoais do órgão julgador. A incidência direta dos princípios sobre a realidade, e a possibilidade de que confiram aos fatos um valor normativo próprio, é algo não só não previsto, como também excluído pelo positivismo jurídico estrito.

A inserção de valores no plano positivo é uma constatação de Zagrebelsky nos ordenamentos jurídicos em que vigoram normas de princípio. Torna-se possível que a idéia de realidade carente de valor, no plano teórico da teoria juspositiva, deva ser substituída pela idéia de sua plenitude de valor, no plano dogmático, se o ordenamento assim o quiser, consistindo naquilo que efetivamente ocorre nos ordenamentos que se regem por normas de princípio.

Por isso, na presença dos princípios, a realidade expressa valores e o Direito funciona, de acordo com Zagrebelsky, como se houvesse um Direito Natural, em relação à semelhança do modo de operar, na vinculação do julgador a valores.

O jusnaturalismo parte da tríade *verdadeiro*, *justo* e *obrigatório*, segundo a qual a partir do *ser* (o verdadeiro) chega-se ao *dever ser* (o obrigatório), por um critério de justiça. Assume-se a justiça como valor que representa o máximo imperativo ou a norma primária da qual deriva qualquer outra normatividade. Assim, percebe-se que as doutrinas do Direito natural não desmentem a separação positivista entre o *ser* e o *dever ser*, apenas remetendo o *dever ser* ao valor da justiça, como algo a ser realizado.

Nos ordenamentos jurídicos baseados nos princípios, diversamente, não há valores reconhecidos *a priori*, mas sim normas de Direito Positivo que, no caso dos princípios, exortam a uma tomada de posição ante a realidade, na direção que proclamam, operando de forma assemelhada à justiça no Direito Natural, na visão de Zagrebelsky.

No jusnaturalismo, a definição do *dever ser* não prescinde de sua relação com a justiça, impondo uma reflexão racional sobre a realidade para proporcionar indicações vinculantes para a vontade. A prática jurídica é alcançada a partir da verdade conhecida pela razão, contrariamente ao voluntarismo do positivismo kelseniano, consignado no item 4.3.1 *supra*.

Tal independência fica atenuada, de fato, em um sistema jurídico que inclua valores e princípios no Direito Positivo e na Constituição, tratando-se de outra intersecção encontrada por Zagrebelsky entre o Direito Natural e o Direito Positivo, pois os princípios atuam de modo análogo ao Direito Natural. Dessa forma, proporcionam indicações vinculantes para a vontade criadora do Direito e para o momento de sua aplicação, aproximando o Direito das ciências práticas por colocar a vontade em contato com a razão. Do fato ou do *ser*, iluminado por princípios, nasce o *dever ser*, em operação que transcende a operação lógica de subsunção do fato à norma.

Em contato com os princípios, a realidade adquire conotações objetivas de valor sobre as quais pode trabalhar a razão, permitindo o enfrentamento de argumentos que não são meros disfarces da vontade, mas autênticos chamamentos a uma comunidade de razão. Isso porque os valores passíveis de concretização não são aqueles subjetivos e particulares do operador do Direito, mas sim aqueles objetivados pelo legislador em princípios.

A atuação dos princípios não se limita a determinar o ordenamento mediante derivações dedutivas da lógica formal. Essa é a sua primeira dimensão, de normas que condicionam o desenvolvimento de todas as demais normas. A mais alta dimensão dos princípios, por outro lado, está fundada em sua atuação como critério de valor da realidade, a partir de uma concepção do ordenamento cujo desenvolvimento parte da terra, para a ela retornar.

A natureza prática significa também, de acordo com o referido autor, a preocupação com a idoneidade do Direito para disciplinar efetivamente a realidade, conforme o valor que os princípios a ela confiram. Desse modo, as conseqüências práticas do Direito integram o próprio Direito, como elemento qualitativo, reconhecendo-se que existe relação entre os planos fático e normativo, ao contrário do que sustenta o positivismo.

Por isso, na aplicação da lei, é relevante não perder a dimensão do princípio como regra de valor eleito pelo legislador, que atua como pano de fundo para a definição jurídica de um caso concreto.

A jurisprudência que se nega a considerar essa valoração mais ampla das normas acaba por deixar órfã uma parte importante da função de garantia do direito, em um ordenamento determinado por princípios.

4.3.2. As correntes de pensamento político que influenciaram na construção da concepção objetiva dos direitos. Os princípios constitucionais da justiça e solidariedade e os reflexos no Direito Positivo brasileiro, em relação à objetivação da boa-fé

Os valores e princípios constitucionais indicam o sentido último do Direito, em razão da posição superior que ocupam na hierarquia normativa.

A Constituição brasileira contém enunciados que revelam preocupação com a justiça material, estabelecendo a dignidade da pessoa humana como um dos fundamentos da República e incluindo a construção de uma sociedade livre, justa e solidária entre seus objetivos fundamentais (arts. 1º, III, e 3º, I, respectivamente).

A positivação dos valores da liberdade, da justiça e da solidariedade revela a influência das correntes do pensamento político moderno, quais sejam: o liberalismo, o socialismo e o cristianismo social, que marcam as diferentes concepções sobre a razão de ser (*ethos*) dos direitos. No item 4.3, desenvolveu-se o mesmo tema, do ponto de vista histórico, na demonstração dos desvirtuamentos a que se chegou pelo uso desmedido da liberdade no exercício da autonomia da vontade. Neste item, diversamente, estão em pauta os valores subjacentes ao Direito, iniciando-se a exposição pelo confronto entre os valores da liberdade e da justiça, a fim de ilustrar a concepção objetiva dos direitos, pois o resultado de tal conflito de interesses concorreu para a objetivação dos direitos, como exposto a seguir.

A compreensão dos direitos constitucionais do homem (retornando à obra de Gustavo Zagrebelsky, *El derecho dúctil,* e desta vez centrando-se nos conceitos e nomenclaturas das páginas 75-95), não se alcança apenas com base na análise positivista estrita, sendo importante não perder de vista dois grandes horizontes da vida coletiva, representados pelos valores da liberdade e da justiça, consagrados pelo humanismo laico e pelo humanismo cristão, respectivamente, cuja prevalência foi alterada em cada momento histórico.

O humanismo laico refere-se aos direitos que dizem respeito à pretensão de liberdade do homem, direitos que permitem a passagem da opressão à liberdade, enquanto o humanismo cristão enfatiza os direitos que tornam concretas as aspirações de justiça, propondo a ultrapassagem da injustiça para a justiça, por meio dos direitos.

Ambas as concepções podem falar em nome da dignidade do homem, apenas diferenciando-se pelo valor no qual fundamentam essa dignidade – na liberdade ou na justiça –, pois, para a primeira, sociedade justa é aquela que se rege pela liberdade, enquanto para a segunda, sociedade livre é aquela que se rege pela justiça. Reduzidas a termos absolutos, as concepções se excluem – da justiça à liberdade ou da liberdade à justiça –, revelando uma contradição inerente a essas duas concepções dos direitos.

Os direitos do homem, na perspectiva do humanismo laico, acrescenta Zagrebelsky, nascem do pensamento antiescolástico, que se inicia pela quebra da tradição anterior operada pelo Renascimento, pondo o homem no centro do Universo como autor capaz de determinar o que será, com suas próprias forças, e dando destaque ao valor da liberdade individual.

A perspectiva do mundo como algo dado e pronto, dos antigos e da estática sociedade feudal, é substituída pela possibilidade de construção, tornando essencial o valor da liberdade para a expansão da potencialidade individual. A pergunta antiga "Qual é o lugar que me foi designado?" é substituída pela pergunta moderna "Qual lugar pretendo me atribuir no Universo?", revelando o caráter individualista – e fundado na própria existência –, dos direitos do homem, de acordo com o humanismo laico.

Na concepção do humanismo cristão, os direitos do homem encontram sua explicação na tradição antiga, baseada na ordem universal do Cosmos. Para essa tradição, todo ser ocupa um lugar natural no Universo, atribuído pela ordem da criação. Eventuais pretensões de auto-realização individual seriam um ato de orgulho, destrutivo da ordem. Portanto, existe o dever de respeitar a razão universal, que atribuiu a cada ser um lugar, de acordo com sua natureza ou dignidade.

Nesse sentido, Direito Subjetivo não corresponde à pretensão de respeito à vontade individual livremente exercida, mas sim à pretensão de poder atuar no sentido devido, segundo uma razão, uma lei ou uma ordem universal. Diferentemente do que ocorre na tradição moderna, não se trata de poder atuar segundo a própria liberdade, mas sim segundo o próprio dever, na lição de Gustavo Zagrebelsky.

Desde Savigny, citado pelo autor *supra*, a concepção clássica do Direito subjetivo, que foi incorporada ao Direito Privado, define os direitos como pretensões da vontade garantidas pelo Direito, elevando o Direito Subjetivo como elemento constitutivo da sociedade. A vontade que este protege não é particularizada ou relativa à determinada relação jurídica: é universal e do homem, que atua para a realização de si mesmo como sujeito absoluto. Revela-se o homem triunfante, que superou as questões de sobrevivência e age para ampliar o domínio de suas faculdades, pois a satisfação das necessidades básicas acarreta o refinamento das demandas pessoais. Por isso, o Direito é encarado como instrumento de defesa contra a arbitrariedade do poder, ou seja, em sentido negativo ou defensivo, contra obstáculos que tolham a expansão individual do ser, num primeiro momento.

Ocorre que as pretensões nascidas da vontade são inesgotáveis, assim como a vontade de poder ou de força, como a História demonstrou, o que implicou o desenvolvimento dos direitos subjetivos, em sentido positivo, para exigir algo de quem possui recursos necessários ou úteis, com vistas a tornar efetivo ou geral o exercício dos direitos. No primeiro caso, a pretensão de ordem econômica serviria para potencializar a energia das vontades individuais livres; e, no segundo, para promover uma sociedade justa. Para ilustrar, Gustavo Zagrebelsky cita os exemplos dos direitos de liberdade *de* e os direitos de liberdade *frente a* ou entre o direito a ser defendido das agressões do poder e o direito de ser beneficiado pelas prestações de serviços do mesmo poder. Assim, agregam-se ao direito subjetivo, que tradicionalmente consagrava o valor da liberdade, as perspectivas da justiça e da solidariedade, com conseqüências perante todo o ordenamento.

Em relação às perspectivas subjetiva e objetiva, os direitos igualmente são passíveis de recondução às correntes filosóficas do humanismo laico e da tradição anterior, os quais lhes fornecem fundamentos de justificação. Como pretensões decorrentes da vontade, os direitos são encarados, do ângulo subjetivo, em duplo sentido, pois correspondem a instrumento para realização de interesses individuais, ao mesmo tempo em que o titular pode escolher se quer ou não exercitar o direito, ou ainda renunciar a ele. Assim, tanto o direito como o seu exercício decorrem da vontade individual de seu titular.

Já na concepção antiga, assevera Zagrebelsky, os direitos não servem para liberar a vontade do homem, mas para reconduzi-la a sua justa dimensão, evitando o arbítrio e a desordem e vinculando-se a realização dos direitos à adoção de medidas políticas orientadas para a justiça e o bem comum. Nessa medida, a visão antiga dos direitos é objetiva: os direitos como conseqüência ou reflexo de um direito justo; o direito como tarefa dos governantes, ou como dever dos poderosos em favor dos mais fracos, de todo modo independentes da mera vontade individual. Parte-se dos deveres, como primeira categoria, para estabelecer os direitos como conseqüências da violação dos deveres, sob o ponto de vista do direito ao retorno da ordem, desestabilizada pelo descumprimento do dever de manter a vontade pessoal em sua justa dimensão. Os direitos não são passíveis de renúncia, pois isso implicaria renunciar aos deveres dos quais decorrem os direitos.

Assim, a aspiração constitucional a uma ordem justa e solidária impõe deveres como elemento autônomo constitucional – e não mais como reflexo ou a outra face dos direitos, acarretando a objetivação dos direitos. Instaura-se uma ordem objetiva que corresponde a idéias objetivas de justiça e solidariedade, impositivas de deveres, ao lado dos direitos individuais e dos atos que caracterizam seu exercício.[66]

A concepção dos direitos a partir dos deveres origina um princípio de responsabilidade geral, de todos em relação a tudo e a todos, pois se exige que cada um respeite o seu lugar e o dos demais. Esse princípio, próprio da aqui denominada visão antiga, hoje está sendo recuperado e redescoberto, associado à categoria dos direitos e positivado nas determinações constitucionais de justiça e solidariedade.

Na lição de Fábio Konder Comparato, a justiça contém duplo aspecto: um primeiro, relacionado aos outros e que consiste no dever de não fazer com os outros o que não queremos que eles nos façam; e um segundo aspecto que é o de corresponder à atuação que se espera da pessoa, ambos examinados por Platão em *A República*.[67] Esta última modalidade de justiça é

[66] Zagrebelsky, Gustavo. *El derecho dúctil*, p. 95.

[67] Comparato, Fábio Konder. *Ética, Direito, Moral e Religião no mundo moderno*, p. 525-526.

identificada por Comparato com a solidariedade, no sentido de que cada um deve cumprir a função que a sociedade lhe incumbe. Especificamente quanto à solidariedade, afirma o autor que consiste em princípio ético, que complementa e aperfeiçoa a liberdade, a igualdade e a segurança, pois reúne as pessoas no seio da mesma comunidade, enquanto as demais põem as possas umas diante das outras. Nas palavras do autor:

> Na perspectiva da igualdade e da liberdade, cada qual reivindica o que lhe é próprio. No plano da solidariedade, todos são convocados a defender o que lhes é comum. Quanto à segurança, ela só pode realizar-se em sua plenitude quando cada qual zela pelo bem de todos e a sociedade pelo bem de cada um de seus membros.[68]

A solidariedade inclui deveres de cooperação e colaboração, pois significa impor a todos "deveres positivos de colaboração e leva em conta as diferenças de condição social, ou seja, dá um sentido de interdependência à vida humana".[69]

Torna-se assim evidente a influência dos princípios constitucionais de justiça e solidariedade no desenvolvimento da concepção objetiva dos direitos, baseada em uma perspectiva que vincula a justiça mais aos deveres do que aos direitos, sustentando a impossibilidade de reduzir uma ordem justa aos direitos, por entender que o postulado de justiça pertence a um *ethos* dominado pelos deveres. Ou seja, não é possível construir a justiça apenas com base nos direitos e rechaçando os deveres,[70] dando corpo à justiça solidária. Mesmo porque, no que diz respeito ao Direito Constitucional brasileiro, a justiça está ligada à solidariedade, reforçando ainda mais a concepção social dos direitos na superação da visão puramente individualista.

Assim, os princípios constitucionais de justiça e solidariedade devem ser compreendidos conjuntamente, promovendo-se uma releitura dos direitos subjetivos próxima da concepção antiga dos direitos – pela afirmação dos deveres de todos para com todos como limites da expansão individual de cada um e expressa no valor da liberdade. Disso resulta, por exemplo, o reconhecimento das funções sociais da propriedade e dos contratos, embora tais institutos fossem a representação primeira do individualismo. Mas não se incorre em contradição, uma vez que não se suplantou a liberdade pela justiça ou pela solidariedade: apenas se sujeitou o livre exercício dos direitos ao respeito dos demais valores tutelados pelo legislador.

---

[68] *Idem*, p. 577.

[69] Comparato, Fábio Konder. *A evolução histórica e os princípios fundamentais dos direitos humanos*, texto de apoio para palestra no Curso de Direitos Humanos, da Escola Paulista da Magistratura de São Paulo, outubro de 2000, p. 10-11.

[70] Zagrebelsky, Gustavo. *El derecho dúctil*, p. 95.

No tocante às conseqüências da objetivação dos direitos sobre os contratos – exemplo típico do exercício da autonomia da vontade –, por força do princípio da justiça e do solidarismo simultaneamente considerados, Cláudio Godoy ensina:

> Portanto, em resumo, o solidarismo social ostenta um primeiro contorno, que vale para quaisquer das relações jurídicas, paritárias ou não, de, justamente, preservar uma substancial igualdade entre as pessoas, garantindo que suas contratações sejam justas e, mais, marcadas pelo padrão e exigência de colaboração entre os contratantes, assim socialmente úteis, enquanto palco de prestígio das escolhas valorativas do sistema. De outra parte, significa também a promoção da justiça distributiva, quando fomenta o acesso a bens e serviços, em especial, embora não só, ao se cuidar de relações profissionais e, aí, intrinsecamente desiguais.[71]

A visão objetiva dos direitos, não mais associados à vontade individual, mas relidos à luz dos valores da justiça e da solidariedade – impositivos de deveres comprometidos com a comunidade –, corresponde àquilo que está por trás da concepção de boa-fé objetiva.

Nesse contexto, parece interessante lançar luz sobre as visões de mundo reveladas pelas concepções objetiva e subjetiva dos direitos, que se somam à boa-fé, na medida em que explicam a preocupação com o elemento exclusivamente subjetivo, em uma época mais liberal; e também com o comportamento ou os deveres de conduta, numa perspectiva mais social dos direitos, em que se reafirma o valor da justiça sobre o da liberdade, recuperando-se aquilo que Gustavo Zagrebelsky identificou com o humanismo cristão e a concepção objetiva dos direitos.

No Direito Privado, a aplicação tradicional da boa-fé restringia-se ao elemento subjetivo, investigado no âmbito interior ou psicológico relativo ao conhecimento ou ao desconhecimento e à intenção ou à falta de intenção de alguém. Dependente tão-somente do ânimo da pessoa que sentia, correspondia à visão subjetiva dos direitos, que fixa no indivíduo e na concepção tipicamente individualista do humanismo laico, anteriormente exposta, o valor primordial do ordenamento. De fato, o elemento interno obedece apenas à vontade, orientada pelo caráter, sem qualquer relevância direta de fatores externos ou coletivos, entendendo-se que a ênfase dada, por longo tempo, pelo Direito à boa-fé subjetiva – com aplicação pelos juristas preponderantemente voltada à tutela da posse e ao usucapião – denota a supremacia do individualismo e do valor da liberdade como vetores do

[71] Godoy, Cláudio Luiz Bueno de. *Função social do contrato*, p. 129.

ordenamento, que influenciaram os operadores do Direito até o início do século XX. Isso porque, em que pese se afirmar a existência da boa-fé objetiva já no Código Civil de 1916, identificando-a em artigos esparsos, como por exemplo no art. 1.443, que prescrevia a obrigação de guardar a boa-fé no contrato de seguro, certo é que não se aprofundou o significado da boa-fé relacionada ao elemento externo ou à conduta, na vigência da antiga ordem constitucional. De fato, embora a inserção da boa-fé no Direito codificado já tivesse ocorrido há muito tempo, seu aspecto objetivo não mereceu maior atenção até o século passado, o que, na lição de Adalberto Pasqualotto, pode ser atribuído às reservas da Escola da Exegese para com a função criadora da jurisprudência e à rigidez da doutrina da separação dos poderes, transplantadas do sistema francês, para o brasileiro.[72]

Nesse contexto, sustenta-se, a partir das lições de Zagrebelsky, que a timidez da concepção objetiva da boa-fé, no Direito privado brasileiro, antes da Constituição de 1988, do Código do Consumidor, de 1990, e do Código Civil, de 2003 – os dois últimos expressamente alusivos à boa-fé, nos arts. 4º, III, e 51, IV; e arts. 113, 187 e 422, respectivamente –, não se justifica com base na redação da lei (que se refere sempre à "boa-fé", sem adjetivação), mas sim na alteração da pauta de valores que compõem a consciência axiológico-jurídica (para usar a nomenclatura de Castanheira Neves), impondo a atribuição de significados objetivos à boa-fé, afinados com as demandas sociais e com os valores da justiça e da solidariedade, impositivos de deveres.

A possibilidade de alteração do significado de uma regra, em conseqüência dos valores, atesta a tridimensionalidade do fenômeno jurídico, demonstrando que a leitura da norma não prescinde dos fatos e valores envolvidos, que se modificam em cada contexto histórico-cultural. Por isso, explica-se que a expressão "boa-fé" adquira sentidos diferentes, à luz dos valores prevalecentes em determinado momento. Nas palavras de Miguel Reale:

> Mas acontece que a norma jurídica está imersa no mundo da vida, ou seja, na nossa experiência cotidiana, no nosso ordinário modo de ver e de apreciar as coisas. Ora, o mundo da vida muda. Então acontece uma coisa que é muito importante e surpreendente: uma norma jurídica, sem sofrer qualquer mudança gráfica, uma norma do Código Civil ou do Código Comercial, sem ter alteração alguma de uma vírgula, passa a significar outra coisa.[73]

Após citar exemplo de aplicação do art. 924, do Código Civil de 1916, em que o Tribunal de Justiça de São Paulo entendera por dar-lhe um sentido

---

[72] Pasqualotto, Adalberto. *A boa-fé nas obrigações civis*, p. 130.

[73] Reale, Miguel. *Teoria Tridimensional do Direito*, p. 125.

de ordem pública, para afastar o direito do credor à multa em face do cumprimento praticamente integral do contrato de compra de uma máquina de costura a prazo, por uma costureira, quando até então o mesmo Tribunal entendia que tal artigo era de caráter meramente dispositivo, explica o professor:

> Que acontecera? Acontecera que o individualismo anterior cedera lugar a suma compreensão social e humanística do Direito, de tal modo que, em virtude dessa nova ética valorativa, o artigo da lei, sem alteração de uma vírgula, passou a significar algo de diverso, em consonância com os princípios de eqüidade.[74]

A nova pauta de valores, fundada na dignidade humana, na justiça e na solidariedade, influenciou também na construção dogmática da boa-fé. Isso porque os deveres acessórios dela decorrentes – os quais podem ser tripartidos em deveres de proteção, incidentes já na fase pré-contratual, a fim de evitar danos mútuos às pessoas e seus patrimônios; deveres acessórios de esclarecimento, relacionados à obrigação mútua de as partes se informarem sobre todos os efeitos e aspectos atinentes ao vínculo e à execução contratual; e dever de lealdade, que consiste na obrigação de abstenção de comportamentos passíveis de falsear o objetivo do negócio ou desequilibrar as prestações estipuladas[75] – são independentes da obrigação principal e não estão fundamentados na exclusiva vontade das partes, mas sim na ordem objetiva instituída pelos valores do ordenamento.

Ora, admitir deveres de conduta, não estipulados pelas partes e também inafastáveis por sua vontade, demonstra a superação da supremacia do valor da liberdade, típico do humanismo laico. Ao mesmo tempo, os deveres laterais ou anexos à prestação principal estão relacionados a uma perspectiva ética do ser humano, cuja dignidade se objetiva preservar, e solidária do contrato, transcendendo o individualismo em prol do social.

Assim, conclui-se que os princípios constitucionais que consagram os valores da justiça e da solidariedade denotam o reconhecimento da insuficiência do aspecto subjetivo da boa-fé para salvaguardar a ordem almejada. Uma ética coletiva, pautada por confiança, cooperação, transparência e lealdade, passa a ser valorizada e estimulada, ainda que signifique uma limitação da vontade individual ou a criação de deveres anexos, antes não considerados, superando-se a concepção do Direito sob o prisma da satisfação do indivíduo, por força da objetivação dos direitos.

Daí, a nova leitura da boa-fé, inclusiva de sua dimensão objetiva, afinada com a ética constitucional.

---

[74] *Idem*, p. 126.

[75] Menezes Cordeiro. *A boa-fé nas obrigações civis*, p. 604-606.

Capítulo 5

O princípio da boa-fé e os valores a ele inerentes. A cláusula geral de boa-fé

5.1. O princípio da boa-fé e sua positivação no Direito Privado brasileiro

No item 2.3, *supra*, tratou-se da concepção de Hannah Arendt sobre a importância da coerência entre a ação e a palavra para a construção de um espaço comum, que garantisse aos homens o convívio essencial para o reconhecimento de suas existências individuais, relacionando-se a relevância da congruência entre o falar e o agir à importância da confiança e da boa-fé na constituição do espaço comum, que permite a afirmação de cada um como ser diferente, entre iguais.

É de Hannah Arendt também o destaque dado às faculdades de prometer e perdoar como instrumentos que viabilizam a união entre os seres, ressaltando-se, no item 2.4, *supra*, que a boa-fé integra as condições que tornam possíveis as alianças contratuais, ao mesmo tempo que está intimamente relacionada com a promessa, pois é integrada pela confiança, sem a qual as promessas não teriam nenhum valor. Quanto à faculdade de prometer, relevante naquilo que permite lidar com a imprevisibilidade da ação, também se relaciona com a boa-fé, já que, diante da desconfiança, as promessas não têm nenhuma força vinculativa.

A confiança, por sua vez, foi estabelecida no item 3.2, *supra*, como base indispensável de todas as relações humanas, imprescindível para a formação e a manutenção de condições que permitam aos homens se relacionar e formar vínculos, na construção de sua identidade em sociedade, confiança que é parte integrante da boa-fé.

A parte antropológica deste trabalho pretendeu demonstrar a relevância da boa-fé para o homem, independentemente da vontade normativa do poder político, afirmando-se sua imprescindibilidade para o convívio humano em conseqüência da própria condição humana e antes mesmo de qualquer abstração da realidade promovida, pelo legislador, no processo normativo. De fato, atribuir aos pactos importância essencial – não apenas como meio de produção e circulação de riquezas, mas também para a formação da teia humana, de que trata Hannah Arendt e da qual necessitam os homens para sobreviver como indivíduos não-autômatos – significa reconhecer a importância da boa-fé, na medida em que a construção e a formação dos vínculos estão condicionadas à crença no outro. Nessa medida, pode-se afirmar que a necessidade de boa-fé está presente em todo acordo de vontade – o que, no Direito, não se restringe ao campo privado.

Em relação aos princípios, no item 4.3, *supra*, consignou-se a assimilação de conteúdos e valores pré-jurídicos pelo ordenamento, incorporados como princípios e critérios jurídicos, os quais, na lição de Castanheira Neves, passam a constituir os fundamentos de juridicidade e integram a consciência jurídica geral, revelada em cada realidade histórico-social. Acresce o autor que tais valores e princípios, integrantes da consciência axiológica jurídica, "*vão verdadeiramente obtendo uma histórica e objectiva determinação nos 'princípios jurídicos fundamentais' de uma autêntica ordem de direito – naqueles princípios, poderá dizer-se, nos quais a idéia do direito se determina sistematicamente como o 'constituens' de uma válida ordem jurídica*",[1] expressamente referindo à *fides*, no sentido de vinculação à palavra dada, dever de honradez, de lealdade e boa-fé, como inclusa entre estes princípios.

Isso se aplica à boa-fé crença, à boa-fé lealdade e ao comportamento de acordo com a boa-fé, ou seja, coerente e probo, tratando-se da acepção objetiva da boa-fé. A boa-fé, numa concepção subjetiva dos direitos, por seu turno, não tem essa extensão e essa importância para o convívio, já que se restringe à esfera íntima de cada um, sem maiores projeções ou conseqüências na esfera dos relacionamentos.

Pelo exposto, verifica-se que a coerência entre a ação e o discurso e a vinculação ao cumprimento da promessa, no estabelecimento e na manutenção de relações de confiança, são aspirações humanas que não se limitam aos contratantes, pois traduzem condições para o relacionamento social e a organização comunitária dos homens em si mesmos considerados, sustentando-se que a boa-fé consiste, usando-se a terminologia de Castanheira Neves, em princípio jurídico fundamental, cuja incidência não se limita ao Direito

[1] Neves, A. Castanheira. *Metodologia Jurídica*, p. 281-282.

Privado, servindo de norte para toda forma de interação humana. Mesmo porque, o próprio Estado seria o resultado de um grande pacto entre os homens, de acordo com as conhecidas teorias do Estado de Hobbes, Locke e Rousseau, reafirmando-se a natureza fundante do princípio da boa-fé também sob esse ângulo.

A incidência do princípio da boa-fé, para além do Direito Privado, pode ser constatada a partir da importância da boa-fé no Direito Internacional Público, já tendo sido reconhecida como princípio fundamental do Direito Internacional, a despeito da existência de outras correntes doutrinárias que apenas lhe reconhecem um grau mínimo de normatividade, restrito à execução das obrigações.[2]

Por outro lado, na referência de Kolb, para alguns autores a boa-fé consiste em um dos princípios gerais do Direito, de cunho normativo, afirmando-se que essa normatividade é indiretamente delineada, pelo caráter não-empírico da boa-fé, inverificável empiricamente, o que lhe conferiria um cunho axiomático. A transcrição do trecho de Tomuschat, citado por Kolb, auxilia na compreensão da idéia: "*It stands to reason that good faith (...) cannot be observed by empirical methods. As an ever-present element of any legal system, it constitutes a rationalisation of a certain way of correct conduct required of everyone*".[3]

Em decisão sobre a questão Nicarágua v. Honduras, a Corte Internacional de Justiça entendeu que o princípio da boa-fé atuava como princípio base, para regular a criação e a execução de obrigações jurídicas,[4] desde que pré-constituídas por outra fonte de obrigação, sem lhe reconhecer a possibilidade de aplicação autônoma. Para Kolb, tal concepção é muito estreita, pois o autor sustenta que a boa-fé, como princípio geral, teria a função de fornecer fundamento jurídico para dar aos litígios soluções justas perante a ordem internacional, em caso de lacuna do Direito convencional ou costumeiro.[5]

De todo modo, no campo dos Tratados, a doutrina reconhece um papel fundamental à boa-fé, verificado em todo sistema consensual e nas convenções internacionais, entendidas como acordos de boa-fé, baseados na

---

[2] Kolb, Robert. *La bonne foi en droit international public*, p. 155.

[3] *Idem*, p. 156.

[4] *Idem*, p. 157: "*Le principe de la bonne foi est l'un des principes de base qui président à la création et à l'exécution d'obligations juridiques". Mais elle ajoute: "Il [le principe de bonne foi] n'est pas en soi une source d'obligations quand il n'en existerait pas autrement.*"

[5] *Idem*, mesma página: "*Cette conception est trop étroite. Une des fonctions essentielles de la bonne foi est précisément d'offrir un fondement juridique là où de nouveaux besoins d'ordre se font sentir sans qu'il y ait temps d'attendre l'émergence d'une règle issue du droit conventionnel ou coutumier. Ici la bonne foi peut combler une lacune dangereuse pour l'ordre juridique internacional. Il s'agit aussi, d'autre fois, de donner à un litige une solution conforme aux exigences de la justice.*"

palavra dada e sem formalidades especiais, bastando invocar a bilateralidade e a reciprocidade de direitos e obrigações para pôr em ação o princípio da boa-fé. Na explanação de Kolb, o início de tratativas das partes, na intenção de celebrar um acordo, cria uma relação de aproximação e de confiança, estabelecendo fins comuns, que, por conseqüência, geram deveres de cooperação e consideração recíprocos, exprimidos em dever de lealdade,[6] resultando em conseqüências semelhantes àquelas que se verificam quanto à boa-fé no plano interno.

A fixação de deveres às partes, em respeito à relação de confiança estabelecida pela conduta de cada um, no Direito Internacional, demonstra a aplicação do princípio da boa-fé no âmbito internacional, reafirmando o caráter fundante do princípio da boa-fé, associado ao acordo de vontades, de qualquer ordem.

Afirma-se na doutrina a universalidade do princípio da boa-fé com fundamento na teoria da argumentação, cuja idéia vale ser trazida, a título de reforçar o caráter geral do princípio da boa-fé.

Em uma análise da boa-fé no Código do Consumidor, José Reinaldo Lima Lopes indaga, sobre a natureza do princípio da boa-fé objetiva, se estaria implícito no sistema e como se daria sua aplicação. Sua resposta vai além das definições de boa-fé objetiva trazidas pela doutrina, pois, para ele, o fundamento principal do princípio da boa-fé encontra-se nas regras mais básicas de uso de linguagem, a qual só se torna possível entre os homens presumindo-se a boa-fé. A proibição da mentira e o dever de dizer a verdade são estabelecidos pelo Direito Natural, na lição de Pufendorf, para quem prevalece aquilo que foi dito de acordo com o sentido geral da linguagem, ainda que o sentido da mente esteja em desacordo com o que ele diz. A partir daí, pode-se constatar um dever natural da verdade nas relações ordinárias da vida, verdade baseada no sentido objetivo das palavras e não pela intenção, a fim de tornar possível o estabelecimento de relações jurídicas e sociais. Nesse contexto, a boa-fé objetiva constitui um pressuposto de comunicação, além de condição para a vinculação com o outro, o que não ocorreria na pressuposição de que o outro estaria mentindo.

Nesse sentido, o princípio da boa-fé significa que o Direito e a aplicação do Direito devem rechaçar regras que impliquem o apoio à mentira, ao engano ou à reserva mental, deixando claro que a mentira não pode ser regra. De fato, mesmo no âmbito da teoria da argumentação está presente o dever de verdade, como se depreende pelas condições pressupostas em qualquer discurso, resumidas por Alexy: 1) vedação à contradição; 2) dever de afirmar aquilo em que crê; 3) obrigação de utilizar o mesmo predicado a

[6] Kolb, Robert. *La bonne foi en droit international public*, p. 180.

todos os objetos iguais em aspectos relevantes; 4) a mesma expressão deve ser utilizada com o mesmo significado por todos os falantes.

Assim, José Reinaldo conclui que a boa-fé é um princípio do Direito em geral, tratando-se de um pressuposto de interpretação de todo o Direito.[7]

Assentadas as premissas de caráter geral e filosófico, passa-se ao tratamento do tema no âmbito do Direito Positivo brasileiro, no qual também se verificou a atuação expansionista axiológica da boa-fé, mesmo após sua codificação pelo CDC.

O princípio da boa-fé ingressou no Direito Positivo brasileiro pelo Código de Defesa do Consumidor,[8] em 1990, introduzido no art. 4º, III, que o incluiu entre os princípios orientadores da política nacional de consumo.

Mas, antes mesmo da positivação no Código Civil, a doutrina, citada em nome de Junqueira de Azevedo, reconhecia sua existência no direito dos contratos em geral, atribuindo a omissão do legislador à mentalidade capitalista da segunda metade do século XIX, mais preocupada com a segurança da circulação de bens e o desenvolvimento das relações jurídicas do que com a justiça material do caso concreto; extraindo o princípio de regras específicas relativas ao dever de informar a contraparte, de manter sigilo nas negociações e de avisar da perda do interesse no negócio, entre outras, que, quando expressas, tornariam desnecessário o apelo a uma regra genérica de boa-fé.[9]

Do mesmo teor é a lição de Fernando Noronha, para quem o princípio da boa-fé – entendido como dever imposto às partes, de agir de acordo com determinados padrões de conduta – consistia em princípio juridicamente relevante, ainda que não expresso no Código de 1916, sem o qual ficariam incompreensíveis os preceitos esparsos no mesmo Código, determinantes da necessidade de pautar condutas de acordo com a boa-fé.[10]

Adalberto Pasqualotto igualmente identificava o princípio da boa-fé implícito ou subjacente à lei, exemplificando com o art. 120, do Código Civil de 1916, que reputava verificada a condição, cujo implemento fora maliciosamente obstado pela outra parte; e não verificada a condição maliciosamente levada a efeito por aquele a quem o seu implemento aproveitava, lastimando que o legislador brasileiro tivesse utilizado o termo malícia, no lugar de contrariedade à boa-fé, tal qual o BGB.[11]

---

[7] Lopes, José Reinaldo Lima. "Direito Civil e Direito do Consumidor." In: *O Código de Defesa do Consumidor e o Código Civil de 2002*, p. 106-108.

[8] Pasqualotto, Adalberto. "A boa-fé nas obrigações civis." In: *O ensino jurídico no limiar do novo século.* Edição comemorativa do cinqüentenário da Faculdade de Direito, p. 129.

[9] Azevedo, Antonio Junqueira de. "A boa-fé na formação dos contratos." In: *Revista do Direito do Consumidor*, vol. 3, p. 78-81.

[10] Noronha, Fernando. *O direito dos contratos e seus princípios fundamentais*, p. 127-128.

[11] "A boa-fé nas obrigações civis", p. 125-126.

No mesmo sentido é a lição de Gustavo Tepedino quanto à existência de um princípio geral de boa-fé, embora resultante de raciocínio diverso. Isto é, enquanto os autores citados vislumbraram o princípio da boa-fé a partir de abstrações de regras específicas do Código Civil revogado, Tepedino sustentava sua existência e aplicabilidade antes da entrada em vigor do novo Código Civil, com base na interpretação dos princípios constitucionais, cujos valores autorizariam a extensão do princípio da boa-fé expresso no Código de Defesa do Consumidor aos outros ramos do Direito.

De acordo com Tepedino, a tendência dos civilistas é reconhecer nos princípios constitucionais apenas princípios políticos, endereçados ao legislador ordinário, subtraindo-se do intérprete a possibilidade de reinterpretar e revisitar institutos de Direito Privado, do Direito de Família ou do Direito do Consumidor, por exemplo, expressamente mencionados, tutelados e redimensionados pela Constituição.[12] Isso decorreria da acepção dos princípios constitucionais como princípios gerais do Direito, implicitamente contidos na legislação e extraídos pelo método indutivo, a serem aplicados em caso de omissão legal, nos termos do art. 4º, do Código Civil. Ocorre que os princípios constitucionais estão expressos e devem prevalecer, sob pena de subversão da hierarquia normativa, que ocorreria na hipótese de só serem aplicados em caso de lacuna da lei. Além disso, afirma Tepedino, considerar os princípios constitucionais na leitura do Direito Privado infraconstitucional serve para assegurar a unidade do sistema.[13] De fato, cada microssistema normativo do Direito Privado tem regras e princípios próprios, como resultado dos grupos sociais em ascensão, de corporações e de centros de interesses novos que se fazem representar por meio das leis especiais, não raro sob a égide de princípios e valores díspares, antagônicos e conflitantes. Nesse panorama, os princípios constitucionais revelam o cuidado do constituinte em definir princípios e valores relevantes para todas as relações de Direito Civil, influindo na interpretação das leis ordinárias à luz dos valores positivados. Desse modo, fixa-se na Constituição a tábua axiológica, cujo ponto de referência estava localizado no Código Civil, permitindo-se a recuperação da unidade fragmentada pela reunificação do sistema a partir dos princípios e valores constitucionais. Com base em tal premissa, conclui Tepedino que a proteção da boa-fé objetiva, antes expressa somente no Código do Consumidor, aplicava-se às demais relações privadas, mesmo antes da vigência do Código Civil, em 2003, por refletir a preocupação constitucional com a redução das desigualdades e com o efetivo exercício da cidadania,[14] reafirmando o caráter vinculativo e unificador dos princípios constitucionais perante todo o ordenamento.

---

[12] Tepedino, Gustavo. *Temas de Direito Civil*, p. 17-18.

[13] *Idem*, p. 12-13.

[14] *Idem*, p. 213.

Teresa Negreiros, tratando da leitura do Direito Civil à luz do Direito Constitucional, afirma que as noções e os ideais constitucionais de justiça social, solidariedade, erradicação da pobreza e proteção ao consumidor, por exemplo, projetam conseqüências de despatrimonialização ou de funcionalização do Direito Civil, esvaziando a autonomia contratual como valor em si mesma, uma vez que a liberdade contratual passa a servir de instrumento a serviço da pessoa, da sua dignidade e de seu desenvolvimento. Nesses termos, acrescenta que o princípio da boa-fé representa o valor da ética no contrato, determinando lealdade, correção e veracidade, cujo substrato explica sua irradiação difusa e seu sentido e alcance alargados, repercutindo sobre os demais princípios.[15]

Especificamente sobre o princípio da boa-fé, Teresa Negreiros afirma que sua fundamentação constitucional assenta na tutela da pessoa humana como parte integrante de uma comunidade, cuja vontade sujeita-se a limites externos, bem como na determinação da construção de uma sociedade solidária, "na qual o respeito pelo próximo seja um elemento essencial de toda e qualquer relação jurídica".[16] De fato, na lição de Luis Renato Ferreira da Silva, a noção de cooperação inerente à boa-fé é tradução do princípio, mais amplo, de solidariedade, ao promover a integração e a soma entre as pessoas, permitindo a estruturação e a manutenção do funcionamento de uma sociedade.[17] Christophe Jamin, referido pelo mesmo autor, acrescenta que a vinculação entre a solidariedade e a cooperação implica a acepção da cooperação como sendo a inserção da solidariedade no processo contratual, cooperação que se estabelece entre os contratantes por intermédio do princípio da boa-fé. Assim, pretende-se demonstrar a raiz constitucional da boa-fé, com a conseqüente incidência do princípio sobre todas as demais normas, com base na hierarquia normativa e na vinculação do intérprete aos valores fixados na Constituição.

Também para o ministro Ruy Rosado de Aguiar Dias, citado por Adalberto Pasqualotto, o princípio da boa-fé, trazido no art. 4º, III, do Código do Consumidor, estendia-se para além da proteção do hipossuficiente, operando como diretriz para assegurar a prevalência da ordem econômica, conforme os ditames constitucionais.[18]

E não poderia ser diferente, pois, consistindo em princípio ético, estranho seria que o comportamento de boa-fé fosse obrigatório apenas no âmbito

---

[15] Negreiros, Teresa. *Teoria do contrato*, p. 106-107.

[16] *Idem*, p. 117.

[17] Silva, Luis Renato Ferreira da. "A função social do contrato no novo Código Civil e sua conexão com a solidariedade social." In: *O Novo Código Civil e a Constituição*", p. 132-133.

[18] Pasqualotto, Adalberto. "A boa-fé nas obrigações civis." In: *O ensino jurídico no limiar do novo século*. Edição comemorativa do cinqüentenário da Faculdade de Direito, p. 131.

das relações de consumo, como se a sociedade tolerasse padrões de comportamento sem retidão nos outros ramos do Direito, desconsiderando o caráter sistemático do ordenamento à luz da Constituição. Além disso, como afirmado no início deste capítulo, a exigência de boa-fé responde à necessidade humana de confiança, condição para o convívio que integra a consciência jurídico-axiológica como outro fundamento para estender a aplicação do princípio da boa-fé a toda relação intersubjetiva (e até entre Estados Nacionais), por se tratar de princípio fundamental da ordem jurídica.

Sobre a projeção da boa-fé, confira-se a lição de Menezes Cordeiro ao tratar de sua expansão fora do Direito Civil: "Essa expansão é notável e denota a compleição da boa-fé não como um instituto jurídico comum, mas como factor cultural importante, ligado, de modo estreito, a um certo entendimento do jurídico",[19] o qual pode ser explicado com base na importância antropológica da boa-fé, que lhe confere *status* superior àquele dos institutos jurídicos relacionados à criatividade humana, mais do que às suas necessidades.

No sentido da aplicação ampla do princípio da boa-fé, acrescente-se a posição de Claudio Godoy:

> De toda sorte, expandiu-se a boa-fé objetiva como uma exigência de eticização das relações jurídicas, a ponto, inclusive, de espraiar seu campo de abrangência a outras áreas do direito privado, que não só a do contrato, e mesmo a outras áreas do direito, como por exemplo a do direito público.[20]

De todo modo, pondo fim às questões da fonte e da aplicação do princípio da boa-fé para além do Código do Consumidor, no Direito Positivo brasileiro, o Código Civil atual consagrou o princípio da boa-fé, em seu art. 422, o qual não é passível de eliminação ou atenuação pela vontade das partes. Na lição de Junqueira de Azevedo, "são nulas todas as convenções ou cláusulas que visem diretamente eliminar, ou simplesmente diminuir, a exigência de boa-fé na formação e execução dos contratos", porque seriam contrárias aos bons costumes e à ordem pública.[21]

Verificam-se, pois, no Direito Positivo atual, novos princípios ao lado dos princípios clássicos do Direito contratual (amplitude da liberdade contratual, intangibilidade dos pactos e relatividade de seus efeitos), representantes de tendências axiológicas que não se excluem e devem ser compatibilizadas, entre os quais se destaca o princípio da boa-fé. Nas palavras do professor Junqueira: "...os [princípios] anteriores não devem ser con-

---

[19] *Da boa-fé no Direito Civil*, p. 371.

[20] *Função social do contrato*, p. 74.

[21] Azevedo, Antonio Junqueira de. "A boa-fé na formação dos contratos." In: *Revista do Direito do Consumidor*, vol. 3, p. 85.

siderados abolidos pelos novos tempos mas, certamente, deve-se dizer que viram seu número aumentado pelos três novos princípios. Quais são esses novos princípios? A boa-fé objetiva, o equilíbrio econômico do contrato e a função social do contrato".[22]

A compatibilização entre as tendências axiológicas representadas nos princípios, em caso de antinomia, dá-se pelo método da ponderação entre os valores envolvidos, à luz da situação concreta, que será tema do item 5.2.b.

5.2. A boa-fé como valor e os valores que lhe foram agregados no Direito Romano, no Direito Canônico e a influência da concepção germânica

O Direito atual é composto por regras e princípios, sendo que as normas constitucionais sobre justiça e direitos são predominantemente princípios, os únicos que desempenham um papel constitutivo da ordem jurídica. As regras, ainda que inseridas na Constituição, esgotam-se nelas mesmas, não passando de leis reforçadas por sua forma especial.[23]

Na lição de Zagrebelsky, as regras são normas de conduta que se obedece. Portanto, é importante determinar com exatidão os preceitos estabelecidos pelo legislador; enquanto os princípios consagram valores aos quais se adere. Assim, é necessário compreender as grandes opções da cultura jurídica em que estão inseridos. As regras proporcionam um critério para nossas ações, determinando como podemos ou devemos agir em cada situação. Já os princípios não contêm essa especificidade, mas apontam uma direção para a tomada de posição diante de situações concretas *a priori* indeterminadas. Os princípios permitem que se posicione de modo favorável ou contrário, aderindo, ou não, àquilo que está implícito no caso concreto. Seu significado não pode ser determinado em abstrato, pois somente no caso concreto é possível apreender seu alcance. A aplicação dos princípios é completamente diferente da aplicação das regras, exigindo uma tomada de posição perante a realidade, de acordo com os princípios, e enfraquecendo a idéia tipicamente positivista de aplicação mecânica e passiva das regras.[24]

A diferença entre as formas de atuação das regras e dos princípios despertou desconfiança da idoneidade destes últimos para atuar como norma

---

[22] Azevedo, Antonio Junqueira de. "Princípios do Novo Direito Contratual e desregulamentação do mercado, direito de exclusividade nas relações contratuais de fornecimento, função social do contrato e responsabilidade aquiliana do terceiro que contribui para o inadimplemento contratual." In: *Revista dos Tribunais*, nº 750, p. 116.

[23] Zagrebelsky, Gustavo. *El derecho dúctil*, p. 110.

[24] *Idem*, p. 111.

jurídica e influir na atividade judicial. Segundo a tradição do positivismo jurídico, a aplicação da lei dá-se por uma operação lógica, de subsunção do fato à norma, que não é possível em relação aos princípios, dada a ausência do pressuposto de fato. Diante da dificuldade de lidar com o princípio no campo da lógica, a função dos princípios constitucionais ficaria restrita ao campo político, único no qual era possível pensar na participação criativa e na adesão ao valor expresso no princípio, pelo gestor público.

Mas, os princípios inseridos nas Constituições dos Estados contemporâneos implicam uma mudança de estrutura do ordenamento, que se reflete também na jurisdição, devendo ser reconhecida a passagem do "direito por regras" ao "direito por princípios",[25] despertando a necessidade de novos métodos, para além da lógica, no campo jurídico. De fato, a inclusão de princípios no objeto do Direito leva à necessidade de adaptação do método, dados os limites do tratamento científico do Direito ao estilo de uma disciplina lógico-formal, tal qual pregava o jusnaturalismo racionalista e, depois, o positivismo legislativo de tradição continental.

Isso porque o método lógico-formal não faz sentido em uma perspectiva do Direito não como algo previamente estabelecido, mas como um incessante construir-se, a partir de múltiplas exigências suscitadas por vários princípios, às vezes contraditórios, que pretendem realizar-se em contato com a realidade social.

A insuficiência do método hoje verificada não significa a proposição de abrir mão da racionalidade como instrumento do Direito, pois, além da racionalidade formal (*scientia juris*), existe a racionalidade material (*juris prudentia*), orientada aos conteúdos, que é uma outra forma de exercício da razão. Tais categorias correspondem à *episteme* e à *phronesis* aristotélicas, ou à *ratio especulativa* e à *ratio practica* escolásticas, nas quais as primeiras são caracterizadas pela oposição verdadeiro ou falso, tudo ou nada, enquanto as últimas permitem uma progressão quantitativa, que vai desde o mais até o menos apropriado, oportuno, adequado e produtivo. A contraposição "ciência-prudência" expressa uma sucessão de grandes épocas do Direito. A ciência representaria a valorização do racionalismo que caracteriza o mundo moderno, enquanto a prudência seria a racionalidade material orientada por valores, que entrou em decadência por ser incompatível com a progressiva formalização do Direito moderno.[26]

Ocorre que os princípios inseridos na Constituição introduziram valores, suscitando questões materiais no âmbito do ordenamento e abrindo caminho

---

[25] *Idem*, p.112.

[26] Zagrebelsky, Gustavo. *El derecho dúctil*, p. 123.

para a recuperação da prudência e da razoabilidade das decisões jurídicas, para as quais se mostra insuficiente o raciocínio lógico-formal. Desse modo, diante da concepção atual, que reconhece o relevante papel desempenhado no Direito pelos princípios e pelos valores neles representados, verifica-se uma necessidade de métodos menos lógico-formais, em busca de soluções materialmente eficazes, que permitam atingir os objetivos fixados na Constituição para a construção de uma sociedade livre, justa e solidária.

A reflexão sobre o equilíbrio entre os princípios e valores que positivam; e a viabilização da realização máxima desses valores, com a respectiva redução mínima dos outros bens envolvidos, é tema do método da ponderação.

Os princípios, na conhecida lição de Alexy, são mandatos de otimização dos valores neles consagrados. Trata-se de espécie de norma que tanto pode ser a razão de outras regras como pode ser a razão imediata para juízos concretos de "dever ser", de cumprimento o mais extenso possível, na medida das possibilidades jurídicas e reais, as primeiras alcançadas pela ponderação e as últimas decorrentes da necessidade e da adequação da aplicação do mesmo princípio.[27]

Nessa medida, o princípio da boa-fé inspira pensar sobre os valores que consagra, bem como sobre a possibilidade de considerar a própria boa-fé como valor, além de sua compatibilização com os demais valores envolvidos, sejam os demais valores do ordenamento, sejam aqueles outros que compõem a boa-fé, como os valores de lealdade e confiança.

A partir das características dos valores, elencadas por Miguel Reale e consignadas no item 4.3, *supra*, pode-se sustentar que a boa-fé é um valor, pois se contrapõe à má-fé (característica da bipolaridade) e se implica com os demais valores como a justiça ou o bem na sua realização (implicação), referindo-se a ideais positivos (referibilidade e preferibilidade), que podem ser graduados hierarquicamente. Além disso, subsiste e se impõe independentemente de nossas experiências subjetivas (objetividade), podendo ser realizada por meio de experiências humanas (realizabilidade), que variam de acordo com o momento histórico-cultural, tendo conotação de dever ser (inexauribilidade).

Nesses termos, admite-se a boa-fé como valor, incorporado ao Direito positivo pela introdução do princípio da boa-fé.

Por outro lado, a boa-fé não se esgota nela mesma, evocando tamanha amplitude que chegou a ser definida por Simone David-Constant, na citação de Teresa Negreiros, como: "*La bonne-foi: une mer sans rivages.*"[28] Essa imensidão

---

[27] Alexy, Robert. *Teoria de los derechos fundamentales,* p. 102.

[28] Negreiros, Teresa. *Teoria do contrato,* p. 115.

aparece no tratamento do tema mesmo no âmbito do Direito Positivo, reconhecendo-se o princípio da boa-fé como "o guarda-chuva imenso"[29] que abrigou juízes e doutrinadores preocupados com a justiça contratual, esta última incluída pela maioria dos autores na boa-fé.[30] Tal amplitude de significações e aplicações decorre do fato de que a boa-fé encerra outros valores que se realizam por meio dela, embora não a esgotem. Por outro lado, esses outros valores, de menor extensão conotativa, fornecem critérios objetivos que facilitam a aplicação da boa-fé e devem ser aprofundados, não só para uma melhor compreensão de seu conteúdo, mas também para evitar que a vastidão do conceito sirva de fator inibidor da aplicação ou de esvaziamento do valor da boa-fé.

Passa-se, assim, aos valores que a boa-fé incorpora e que lhe foram agregados, com base nos significados emprestados à boa-fé ao longo da História, de acordo com a perspectiva que reconhece a importância dos princípios como veículos de valores.

A partir do século XII, na Itália e na França, iniciou-se um processo espontâneo de substituição dos Direitos antigos e costumeiros pelo Direito romano, então redescoberto. No Império Germânico, a influência foi ainda mais marcante, pois, por volta de 1500, resolveu-se abandonar os costumes locais e receber o Direito romano como direito nacional, em fenômeno conhecido como *recepção*, partindo-se do significado da boa-fé no Direito romano, por se tratar da primeira sistemática organizada que tratou da boa-fé.

De acordo com o verbete *Buona Fede nel Diritto Romano*, do *Digesto delle Discipline Privatistiche,*[31] a noção de boa-fé no Direito romano é tipicamente jurídica, herdada de conceitos mais vastos, como fé, confiança e credibilidade, incluídos na idéia de *fides.* Os autores antigos utilizavam essa fé para designar duas situações diversas: uma primeira relacionada ao respeito à palavra dada (*Constantia* - constância, regularidade; e *verita* - verdade), pressupondo situação de igualdade e uma promessa que define o conteúdo da palavra dada; e uma segunda acepção referente à proteção ao mais fraco, que pressupunha a superioridade de uma parte sobre a outra. De todo modo, a doutrina recusa-se a reconhecer um nexo muito marcado entre a fé e o antiqüíssimo culto à deusa *Fides* – e por isso não concede muito espaço ao elemento religioso do conceito, no Direito romano.

Assentado que a concepção de boa-fé no Direito romano remonta à noção de fé, ainda que sem cunho religioso, cumpre trazer as acepções de fé em Roma, de acordo com o mesmo verbete supra-indicado.

---

[29] Noronha, Fernando. *O Direito dos Contratos e seus princípios fundamentais*, p. 130.

[30] *Idem*, p. 131.

[31] Conferir: Pierre Daniel Senn, *Digesto delle Discipline Privatistiche, Sezione Civile*, II, verbete *buona fede nel diritto romano*, p. 130.

Em uma primeira acepção, a fé é encarada como poder, tratando-se da *Fides-potere*, de aspecto não igualitário, mas autoritário e até rude da noção de fé, que se verifica entre particulares (*privati*) e com o Poder Público (*popoli*), sendo mais evidente neste último caso. Consiste em ato de confiança e abandono total à boa vontade do vencedor, que coloca o vencido entre a situação do aliado (sócio) e do escravo. Entre particulares, a fé aparece nas relações de clientela, em que apresenta aspectos privados (domésticos) e políticos. A segunda acepção corresponde à noção tradicional de fé enquanto promessa, tratando-se do aspecto igualitário da noção, que engloba três pontos de vista: o de assegurar o bom comportamento (*fidem dare*); o de criar um liame pela promessa (*fide stare, fidem frangere* – relacionado à confiança); e o de respeito à palavra dada.

A partir daí, Pierre Daniel Senn, autor do verbete, sustenta que a boa-fé é um conceito puramente jurídico, livremente traduzido como a fé daquele que anda bem,[32] que deriva das noções de fé apontadas, embora o autor assinale a obscuridade da evolução do conceito vago ético-social de fé para a noção jurídica mais precisa, ainda que ambivalente.

Em que pese a dificuldade de detectar o processo de incorporação dos valores ético-sociais pelo conceito jurídico, o importante é consignar que a noção de fé estava incorporada à vida social em Roma, vinculada às idéias de confiança, promessa e respeito à palavra dada, desde os primórdios da noção jurídica de boa-fé, hoje relacionadas à boa-fé objetiva. No ambiente romano já se reconhecia a importância da confiança e do "andar bem" para o convívio entre os homens, o que indica a profundidade desta aspiração ética, há muito válida e vigente, em comunidade bastante diferente da atual.

A penetração da boa-fé no campo dos contratos manifestou-se inicialmente no século III a.C. como boa-fé judicial, contribuindo para a noção de boa-fé objetiva, aquilatada pelo juiz com base no comportamento que geralmente se espera de um homem normal, num caso específico.

No Direito real, a aplicação da boa-fé inicia-se no século I a.C., época da ação publiciana. O emprego da noção de boa-fé nesse campo está ligado ao usucapião, na proteção do comprador. Não se trata da fé do *bonus vir*, vista do ângulo externo, pois no Direito possessório é considerado a condição do sujeito que possui, tratando-se da boa-fé subjetiva: a convicção íntima do possuidor sobre o caráter legítimo de sua pretensão e do título pelo qual adquiriu a posse.

---

[32] "La bona fides è um concetto puramente giuridico: la fides del bonus vir." In: *Digesto delle Discipline Privatistiche, Sezione Civile*, II, verbete *buona fede nel diritto romano*, p. 131.

As ações de boa-fé apareceram em um momento central na história do Direito Romano: trata-se da época em que o procedimento das ações da lei revelou-se insuficiente para a tutela de todas as situações jurídicas e foi sendo substituído progressivamente pelo procedimento formular.[33] Nas palavras de Gaio, citado por Luiz Eduardo Boaventura Pacífico, "as ações da lei tornaram-se pouco a pouco odiosas. Pois, dada a extrema sutileza dos antigos fundadores do direito, chegou-se à situação de perder a causa quem cometesse o menor erro. Por isso, aboliram-se as ações da lei pela Lei Ebúcia e pelas duas Leis Júlias, levando os processos a se realizarem por palavras fixas, isto é, por fórmulas".[34] A passagem do procedimento das ações da lei para o regime formular é atribuída à evolução social, pois somente os cidadãos romanos podiam utilizar as ações da lei, ou à atividade dos pretores urbanos, que lidavam com hipóteses não tipificadas nas ações da lei, cujo exemplo era a *iudicia bona fidei*, provocando uma natural evolução para o sistema formular.[35]

A alusão à boa-fé na *intentio* da fórmula permitia identificar, de pronto, o caráter bilateral do caso, possibilitando considerar a interdependência entre as obrigações das partes, o que, na época, consistiu novidade, estendendo a aplicação da boa-fé à generalidade dos contratos consensuais, de acordo com a definição do verbete italiano.

Desse modo, as ações de boa-fé apresentavam a vantagem de poder considerar um objeto incerto e não só obrigações relacionadas a certa quantia em dinheiro ou coisa determinada, mas também qualquer obrigação, em geral, de fornecer coisa ou serviço, levando em conta os parâmetros que a boa-fé recomendava na execução dessas prestações. Desde então, esses parâmetros envolviam o conhecimento e a observação das regras técnicas, da diligência profissional e do respeito aos pactos especiais estipulados pela parte, conferindo ao juiz margem de valoração que não era permitida nas ações legais.

Para resolver um problema concreto, o modelo abstrato da fórmula "parte contratante que se comporta segundo a regra de boa-fé" devia ser adaptado às circunstâncias,[36] facultando-se aos juízes uma liberdade de interpretação e uma ampla valoração do Direito subjetivo em litígio, em virtude da redação mais ampla e flexível da *intentio* na fórmula,[37] sendo utilizada

---

[33] *Idem*, p. 132.

[34] Pacífico, Luiz Eduardo Boaventura. *O ônus da prova no Direito Processual Civil*, p. 42.

[35] *Idem*, mesma página.

[36] Senn, Pierre Daniel. *in Digesto delle Discipline Privatistiche, v. Buona Fede nel Diritto Romano*, p. 132.

[37] Cruz e Tucci, José Rogério. *Precedente judicial como fonte do Direito*, p. 42.

como instrumento técnico e laico. Desse modo, as ações de boa-fé tiveram papel fundamental para a construção dos quatro importantes contratos consensuais do Direito Romano: compra e venda, arrendamento, sociedade e mandato. Sua relevância na renovação do Direito das obrigações foi reconhecida nos últimos dois séculos da República, ao se conferir ao juiz o encargo de decidir segundo a boa-fé e criar norma jurídica nova ao aplicar tal critério geral.[38]

O *Digesto* oferece um exemplo muito claro desse modo de proceder: põe-se o problema de saber se o empreendedor que está empenhado em construir uma casa está em atraso na execução de sua prestação. A solução do jurista baseia-se na idéia de que a medida de tal atraso deve ser determinada mediante a comparação com um tipo abstrato de empreendedor diligente, mas relacionado às circunstâncias concretas de tempo e lugar (D. 45.137.3).

O Direito romano também contemplava a tutela da boa-fé subjetiva relacionada ao usucapião, que consistia na situação subjetiva da pessoa, verificada no momento da aquisição da posse, tratando-se da convicção de que este ato não violava direito de outrem. Não significava, necessariamente, que o sujeito estivesse convicto de que a coisa passasse a ser de sua propriedade, bastando a boa-fé no momento da aquisição da posse, no sentido do desconhecimento de qualquer vício.

Assim, percebe-se que a boa-fé subjetiva (no sentido de ânimo psicológico) e boa-fé objetiva (como regra de comportamento) já existiam no Direito romano, passando-se a analisar a influência do Direito canônico e dos valores a ele inerentes no conceito. O tema foi tratado por Menezes Cordeiro, a quem se credita as informações que se seguem, que poderão ser consultadas pelo leitor se houver interesse no aprofundamento do assunto.[39]

A *bona fides* presente nas compilações do Direito romano recebeu o influxo do Direito canônico, tanto pelo uso da retórica, quanto pela incorporação das idéias cristãs de *humanitas, pietas, caritas e benignitas*, no conceito de eqüidade, intimamente ligado à aplicação da boa-fé. Isso resultou em alteração do significado da boa-fé na posse, que para o Direito romano consistia simplesmente em estado de determinada ignorância por parte do possuidor, ganhando dimensão ética no Direito canônico, relacionada à ausência de pecado, especificamente em relação à boa-fé subjetiva, afirmando-se que "A intervenção do Direito Canônico cifrou-se, pois, na eticização da boa-fé subjetiva".[40] Assim, a dimensão axiológica da boa-fé no Direito Canônico deve

---

[38] *Idem*, mesma página.

[39] Menezes Cordeiro. *Da boa-fé no Direito Civil*, p. 150-176.

[40] *Idem*, p. 156.

ser entendida de acordo com o espírito do pensamento cristão, segundo o qual os institutos como propriedade e contratos deviam ser observados não em razão das sanções profanas, mas por traduzirem a concretização da Lei de Deus.

No Direito Canônico observou-se o desaparecimento da boa-fé do campo do direito das obrigações, na continuação de um processo de esvaziamento já iniciado durante o Direito romano vulgar, decorrente da decadência do processo bipartido clássico e da generalização da mensagem contida no *oportet ex fide bona,* que transformou a referência aos *bonae fidei iudicia* em categoria desprovida de conteúdo substancial. Em conseqüência, a utilização da boa-fé foi limitada à prescrição e outros institutos afins, aparecendo nos textos jurídicos canônicos como estado de ciência ou de consciência individual, sendo que "a subjetivação da boa-fé mais fez acentuar a sua eticização".[41] Nesse panorama, percebe-se a agregação de valores da moral cristã à boa-fé, durante o Direito Canônico, acentuando a importância do elemento subjetivo, que sustentou a aplicação da boa-fé até o início do século XX, em conseqüência da preponderância dos valores da liberdade e do individualismo, os quais não permitiram maiores projeções da boa-fé como regra de comportamento, a fim de não limitar o ideal da autonomia da vontade, como já visto nos itens 4.3 e 4.3.2.

Paralelamente – e no esforço de trazer à luz os demais valores incorporados à boa-fé –, cumpre registrar a autonomia da boa-fé germânica e suas respectivas implicações, que concorreram para a atual dimensão da boa-fé, ainda de acordo com as lições de Menezes Cordeiro.

A designação alemã de boa-fé, *Treu und Glauben*, não corresponde lingüisticamente a *bona fides* da expressão romana. Na linguagem atual, *Treu* poderia ser traduzido por *lealdade* e *Glauben,* por *crença*, mas o sentido próprio da fórmula transcende a soma dos significados de seus integrantes, obrigando a pesquisar os respectivos significados anteriores. Em velho-alto-alemão, *Treu* designava "firmeza, comportamento autêntico de alguém em conseqüência de um contrato concluído", bem como o próprio contrato em si. Em médio-alto-alemão, incorporou-se ao *Treu* um sentido ético, que consiste em "um conceito cerne no sistema de valores cavalheirescos", mantido na idéia de "*fidelidade*" atual.[42] Já *Glauben* foi utilizado em velho-alto-alemão com o sentido da *fides* romana, no sentido cristão de fé, incluindo as acepções de confiança e crença, numa semântica desaparecida em novo-alto-alemão. Nesse contexto, reconhece-se que a expressão *Treu*

---

41 *Idem*, p. 161.
42 *Idem*, p. 167.

und Glauben comportou vários significados durante sua evolução, documentado seu emprego como confiança e boa-fé, em sentido psicológico; como confiança e credibilidade; e como confiança e padrão de comportamento. Como foi utilizada de maneira geral e diversificada, a definição abstrata de seu conteúdo é impossível. Não obstante, em que pese a impossibilidade de definição, pode-se aferir a presença inseparável da idéia de confiança à de boa-fé, tratando-se de valor que persiste agregado à boa-fé até hoje.

A conotação geral afetiva e apreciativa da boa-fé germânica evoluiu para uma realidade suscetível de ser conceituada, evolução que se tornou possível por meio do Juramento de Honra, presente nos anais da cavalaria medieval e nas fontes jurídicas a partir do século XVI.[43] O juramento de honra significava o empenho da lealdade entre os contratantes, pondo aquele que jurava em posição de sujeição a um poder de agressão pessoal por parte do credor, em caso de "quebra da honra". A boa-fé germânica incorporou o conteúdo do juramento de honra no que diz respeito ao dever de garantir a manutenção e o cumprimento da palavra dada, traduzindo, num primeiro momento, a confiança e o crédito cristalizados em determinada pessoa. Num segundo momento, a boa-fé evoluiu para a segurança geral inspirada nessa confiança, estabelecida no nível da comunidade jurídica e passou a ser entendida como a regra de comportamento social necessária ao estabelecimento dessa confiança, consistindo na semente de seu conteúdo normativo.

De acordo com Strätz, a boa-fé germânica embutia dois aspectos: a obrigação de cumprir exatamente os deveres assumidos no contrato (a lealdade no contrato) e a necessidade jurídica de levar em conta os interesses da outra parte, tratando-se de aspectos que não compunham a idéia da *bona fides* clássica, nem a sua versão diluída no *Corpus Iuris Civilis*. Assim, a importância fundamental da boa-fé germânica da Idade Média foi a de introduzir no âmbito da boa-fé um conjunto de valores novos, que perdurou até a codificação alemã, influenciando a partir daí as demais codificações. Esses valores são aqueles inerentes aos ideais da cavalaria, como a honra, a lealdade e o respeito às juras solenes, tipicamente medievais, que persistiram na Alemanha em conseqüência da romanização tardia e pela permanência prolongada das características medievais no espaço cultural alemão.

Para Menezes Cordeiro, tais valores são caracterizados pela objetividade e pelo irracionalismo, segundo os quais não era importante o intuito, mas sim o ritual, o padrão social, a exteriorização (objetividade), sem a preocupação de integrar a boa-fé a uma ciência do discurso voltado a convencer

---

[43] Menezes Cordeiro. *Da boa-fé no Direito Civil*, p. 170-173.

assembléias ou de utilizá-la como expressão técnico-jurídica (irracionalismo). A boa-fé germânica aferia-se na adesão e na repulsa provocadas nos sujeitos diante de comportamentos determinados, tratando-se de reações espontâneas condizentes com os padrões culturais vigentes na época, traduzindo-se num elemento afetivo detectável até hoje na boa-fé e no Direito.

A partir do Direito romano foram sendo atribuídos significados e conotações à boa-fé, ora enfatizando, ora enfraquecendo seu caráter objetivo ao longo da História, sempre presente a noção de boa-fé subjetiva como elemento psicológico, especialmente relacionado à posse e à prescrição.

Em relação à boa-fé objetiva, incorporou os valores de confiança, lealdade e fidelidade à palavra dada, identificados na doutrina como ideais jurídicos atualmente referidos à boa-fé.[44] No resumo dos padrões éticos que se impõem por meio da boa-fé, na atualidade, é precisa a lição de Carneiro da Frada:

> Como se comprova, a regra de conduta de boa-fé tem um conteúdo diversificado e aberto. Ora impõe a idéia de proporcionalidade no exercício de posições relativas, ora representa exigências de consideração para com interesses alheios, ora reclama coerência de comportamento e realiza brocardos como 'equity must come with clean hands', ora proscreve condutas desonestas em prejuízo de outros, deste modo manifestando e incorporando uma pluralidade muito rica de valores susceptíveis de se articular com variável intensidade entre si, o que faz dela uma realidade de conteúdo multipolar.[45]

5.2.1. O método da ponderação como instrumento auxiliar na realização do valor da boa-fé

O reconhecimento da multiplicidade de valores envolvidos na expressão "boa-fé" e a possibilidade de conflito entre os valores que expressa e outros valores do ordenamento (como a liberdade contratual, por exemplo), bem como a variável intensidade que podem assumir os diversos valores por ela representados, tornam útil tecer breves considerações sobre o método da ponderação como instrumento para a aplicação dos princípios em geral e, portanto, auxiliando a conciliação do princípio da boa-fé com os demais princípios do ordenamento. Isso porque, embora os princípios gerais se caracterizem por não serem mutuamente excludentes no plano abstrato, podem ocorrer antinomias diante de casos concretos, de difícil solução, em conseqüência da inexistência de hierarquia formal entre eles.[46] De fato, de

---

[44] Larenz, Karl. *Derecho de Obligaciones,* tomo I, p. 143.

[45] *Teoria da Confiança e Responsabilidade Civil,* p. 445.

[46] Lafer, Celso. *A internacionalização dos Direitos Humanos,* p. 20-21.

acordo com Canaris, os princípios podem entrar em contradição ou oposição; não valem sem exceção; não têm pretensão de exclusividade; ostentam seu sentido próprio apenas em uma combinação de complementação e restrição recíprocas; e necessitam de uma concretização por meio de subprincípios e valores singulares, com conteúdo material próprio,[47] a demonstrar a complexidade de sua realização. Assim, na lição de Zagrebelsky, citado por Celso Lafer, não é possível uma ciência sobre a articulação dos princípios, mas somente uma prudência em sua ponderação.

Tal ponderação auxilia na escolha de um valor, de modo racionalmente justificável, tratando-se de método que permite a qualificação do razoável por uma explicação motivada, para que não se confunda com um ato discricionário.[48] Para tanto, é necessário que o procedimento seja discursivo e persuasivo, a fim de alcançar o ponto máximo de realização dos princípios em jogo.[49]

A decisão jurídica envolve um discurso racional no qual quem decide apela ao entendimento do outro, exigindo-se fundamentação e provas, o que se trata de tema da teoria da argumentação jurídica.[50] Ao contrário da teoria da demonstração, fundada na idéia de evidência à qual todo homem tem de ceder, a teoria da argumentação baseia-se em técnicas capazes de provocar ou acrescer a adesão dos espíritos às teses sustentadas, referindo-se a raciocínios persuasivos, restritos a auditórios particulares, que consiste na típica forma do raciocínio jurídico.[51]

Desse modo, não sendo possível prescindir da justificação racional persuasiva no âmbito do Direito, o método da ponderação vem em socorro do intérprete ao suscitar o enfrentamento do conflito entre os valores positivados à luz das peculiaridades do caso concreto, o qual acaba fornecendo argumentos para a justificação da decisão.

Isso não implica tornar o Direito uma retórica, mormente considerando o caráter prático e vinculante do valor revelado pelo princípio, em contato com a realidade, como ponto de partida para o raciocínio. Além disso, o procedimento deve ser leal, transparente e responsável, para permitir um confronto produtivo entre os princípios em jogo, como condição para o triunfo da prudência no Direito.[52]

---

[47] Canaris, Claus-Wilhelm. *Pensamento Sistemático e conceito de sistema na Ciência do Direito,* p. 88.

[48] Lafer, Celso. *A internacionalização dos Direitos Humanos,* p. 24.

[49] Zagrebelsky, Gustavo. *El derecho dúctil,* p. 123.

[50] Ferraz Junior, Tercio Sampaio. *Introdução ao estudo do Direito,* p. 323.

[51] *Idem,* p. 234.

[52] Zagrebelsky, Gustavo. *El derecho dúctil,* p. 123.

Na doutrina, o tema da ponderação está relacionado à interpretação dos princípios constitucionais, o que não limita sua aplicação quanto ao princípio da boa-fé, uma vez que este é passível de recondução à dignidade da pessoa humana e à solidariedade, como já exposto no item anterior (5.1). Além disso, a dignidade da pessoa humana, ao lado da vida, é núcleo essencial e intangível dos direitos fundamentais, consistindo em princípio constitucional especial, que concretiza o princípio fundamental geral,[53] demonstrando a relevância do fundamento constitucional da boa-fé e, portanto, sua viabilidade como objeto da ponderação.

Soma-se a isso a natureza prática da ponderação, que envolve questão material a ser examinada em cada caso concreto,[54] como outro ponto de aproximação entre a ponderação e a aplicação do princípio da boa-fé, cuja observância, ou não, depende do caso concreto para ser aferida. Nesse diapasão, deve ser ressaltada a importância da atividade interpretativa e do caso concreto para a compreensão da extensão dos princípios, cujo grau de generalidade e abstração pressupõe a concretização e a densificação sucessivas, por meio de princípios mais específicos e subprincípios, até adquirirem a concretização das regras,[55] tal qual ocorre com a boa-fé. Na lição de Karl Larenz, há um esclarecimento recíproco, pois o princípio se ilumina por meio de suas concretizações, as quais só assumem seu sentido pleno à luz do princípio que as engendrou.[56]

De fato, a especificação, a concreção e mesmo a eventual exceção de um princípio não são pressupostas, nem podem ser aferidas em abstrato, pois os princípios não se oferecem sempre já constituídos e disponíveis, revelando-se a partir da realização do Direito, na experimentação histórica da juridicidade.[57] Por isso, não se prescinde de um caso concreto para a apreensão do campo intencional da convocação, manifestação e constituição do princípio no cotejo dos fatos e valores envolvidos.

Por tudo isso, é útil aprofundar a análise do método da ponderação.

Na definição de Daniel Sarmento, o método da ponderação é "a técnica de decisão que, sem perder de vista os aspectos normativos do problema, atribui especial relevância às suas dimensões fáticas".[58] Na lição do autor,

---

[53] Guerra Filho, Willis Santiago. "Hermenêutica constitucional, direitos fundamentais e princípio da proporcionalidade." In: *Hermenêutica Plural*, p. 398-399.

[54] *Idem*, mesma página.

[55] Sarmento, Daniel. "Os princípios constitucionais e a ponderação de bens." In: *Teoria dos Direitos Fundamentais*, p. 50-51.

[56] Larenz, Karl. *Metodologia da Ciência do Direito*, p. 579.

[57] Neves, A. Castanheira. *Metodologia Jurídica*, p. 283.

[58] Sarmento, Daniel. "Os princípios constitucionais e a ponderação de bens." In: *Teoria dos Direitos Fundamentais*, Ricardo Lobo Torres (org.), p. 55.

verificado que o caso concreto está compreendido na esfera de proteção de mais de um princípio, o intérprete imporá compressões recíprocas sobre os bens jurídicos protegidos, objetivando encontrar o ponto em que a restrição a cada bem seja a mínima indispensável ao seu convívio com o outro, sendo essa restrição inversamente proporcional ao peso dado a cada princípio. Ora, não se trata de grandezas quantitativamente mensuráveis, razão pela qual, nesta seara, não basta a lógica formal, imperando a lógica do razoável, definida "como uma razão impregnada de pontos de vista estimativos, de critérios de valoração, de pautas axiológicas que, ademais, traz consigo os ensinamentos colhidos da experiência própria e da do próximo, através da História".[59]

De acordo com a lógica do razoável, são considerados os valores concretamente relacionados a uma situação social humana como base para a formulação de fins e metas, os quais resultam da combinação do conhecimento de uma realidade particular com os julgamentos de valor pertinentes.[60] Isso resulta na impregnação de valores e critérios axiológicos,[61] tratando-se de um modo de pensar problemático e não sistemático, que propõe examinar a força dos argumentos alegados para a formação da convicção.[62] Nesse ponto, a tópica exsurge como processo adequado para a reflexão, pois permite "recorrer a diversos pontos de vista mais ou menos procedentes, experimentá-los em face do problema e ponderá-los uns perante os outros (...) num movimento (...) fortemente orientado para o problema singular".[63] De fato, a tópica refere ao pensar problemático, inspirado em Aristóteles, para quem "aquilo em torno do que o raciocínio gira são os problemas", tratando-se de uma técnica de pensamento que se orienta pelo problema, no desenvolvimento do raciocínio.[64] Na clara síntese de Canaris:

> Ela representa o processo adequado para um problema singular formulado o mais estritamente possível ou uma argumentação de eqüidade, orientada para o caso concreto, na qual, no essencial, nenhum ponto de vista discutível se pode rejeitar liminarmente como inadmissível, tal como é típico do pensamento sistemático abstracto, apoiado na tendência generalizadora da justiça.[65]

---

[59] Prado, Lídia Reis de Almeida. "A lógica do razoável na Interpretação Jurídica (Segundo Luís Recaséns Siches)." In: *Justiça e Democracia – Revista Semestral de Informação e Debates*, p. 139.

[60] Recaséns-Siches, "La logique matérielle." In: *Le Raisonnement Juridique*, p. 134.

[61] Prado, Lídia Reis de Almeida. "A lógica do razoável na Interpretação Jurídica (Segundo Luís Recaséns Siches)." In: *Justiça e Democracia – Revista Semestral de Informação e Debates*, p. 141.

[62] Recaséns-Siches, "La logique matérielle." In: *Le Raisonnement Juridique*, p. 135.

[63] Canaris, Claus-Wilhelm. *Pensamento Sistemático e conceito de sistema na Ciência do Direito*, p. 271.

[64] Viehweg, Theodor. *Tópica e Jurisprudência*, p. 33.

[65] *Pensamento Sistemático...*, p. 272.

A ponderação pressupõe o pensar problemático, diante da insuficiência do raciocínio sistemático para a solução de conflitos entre princípios de mesma hierarquia formal que veiculam valores de difícil mensuração lógica, e não pode ser orientada numa única direção, em conseqüência da diferente dimensão que os valores podem tomar à luz das circunstâncias do caso concreto.[66]

Na lição de Celso Lafer, a ponderação envolve o *Fato*, o *Valor* e a *Norma* – considerados por Miguel Reale, na *Teoria Tridimensional do Direito* –, que auxiliam na ponderação, ao permitir lidar ao mesmo tempo com as normas do ordenamento (ângulo interno da Constituição) e com os fatos sociais e valores (ângulo externo).[67] A dialética existencial do Direito – igualmente desenvolvida por Miguel Reale ao considerar que o Direito não é algo que plana na abstração, solto no espaço e no tempo, mas sim algo que está imerso na vida humana, entendida como um complexo de sentimentos e estimativas, que resultam em algo que está no processo existencial do indivíduo e da coletividade –,[68] é outro fator que auxilia na compreensão da ponderação, por não dissociar o Direito da vida e, assim, legitimar o exercício, no Direito, de escolhas ponderadas, próprias do homem médio em seu cotidiano, a par dos processos de subsunção da lógica formal.

O método da ponderação permite fazer uma avaliação dos valores envolvidos, voltada para a escolha daquele que cederá em prol do outro, sempre com vistas à menor compressão possível de cada princípio e à mais aproximada realização dos valores supremos da Constituição, relativos à vida e à dignidade da pessoa humana.

No plano infraconstitucional, igualmente é passível de aplicação o método da ponderação, no pressuposto de que toda norma envolve as dimensões de fato e valor e, portanto, uma reflexão sobre seu sentido e sua extensão, diante do fato concreto.

Isso fica mais evidente no caso dos princípios e normas não descritivas de comportamento, como a boa-fé que, além da vagueza da expressão, tem caráter normativo supletivo como regra de conduta, o que lhe confere uma vasta extensão, colorindo toda a zona de permissibilidade em que se exercita a autonomia da vontade.[69] Nesse sentido, a boa-fé reduz as fronteiras da livre atuação privada, impondo uma consideração teleológica e não-arbitrária das permissões em causa, obrigando a considerar os comportamentos à luz

---

[66] Sarmento, Daniel. "Os princípios constitucionais e a ponderação de bens." In: *Teoria dos Direitos Fundamentais*, Ricardo Lobo Torres (org.), p. 57.

[67] Lafer, Celso. *A internacionalização dos Direitos Humanos*, p. 22.

[68] Reale, Miguel. *Teoria Tridimensional do Direito*, p. 123.

[69] Menezes Cordeiro. *Da boa-fé no Direito Civil*, p. 649.

das finalidades impostas pela boa-fé, quais sejam as de que os contratos sejam firmados conforme a vontade dos intervenientes e de seus interesses, e os intervenientes estejam cientes de tudo o que está envolvido, vedando-se o desencadeamento de atitudes nocivas. Nesse contexto, Menezes Cordeiro alude à ponderação teleológica, que está de acordo com as características da ponderação expostas anteriormente, na medida em que se refere ao cotejo entre os valores da autonomia da vontade e da liberdade de contratar, de um lado, e os valores da boa-fé, da confiança e da lealdade, de outro. Em caso de colisão, esses valores devem ser ponderados à luz das finalidades da boa-fé, demonstrando, em último grau, a preponderância desse valor segundo a consciência axiológico-jurídica atual. Menezes Cordeiro acrescenta que a ponderação teleológica leva a considerar, em certos contratos, inclusive a posição do terceiro, bem como a manter preservadas realidades inerentes ao relacionamento das partes, mesmo após o alcance dos objetivos do contrato.[70] Isso revela a preponderância do valor da solidariedade e da boa-fé sobre os princípios da relatividade e dos efeitos tradicionalmente atribuídos aos contratos, segundo os quais pareceria possível reconhecer a absoluta desvinculação e o descomprometimento com os interesses do outro após a extinção do vínculo contratual.

Por todo o exposto, pode-se afirmar que a ponderação, como método de solução de conflito entre princípios que positivam valores, diante das circunstâncias fáticas de um caso concreto, auxilia na realização do(s) valor(es) da boa-fé por um critério de razoabilidade racional, permitindo a convivência democrática do valor da boa-fé com a multiplicidade de valores que permeiam o ordenamento, a fim de evitar a confusão da inclusão da dimensão dos valores com a insegurança jurídica ou com o arbítrio; e também a tirania ou o fanatismo em torno de um único valor.[71]

5.3. A boa-fé como cláusula geral

Na lição de Canaris, o ordenamento jurídico pode ser qualificado como um sistema a partir das características do conceito geral de *sistema*, que são a ordem e a unidade. Para o autor, trata-se de um sistema aberto, em conseqüência da incompletude do conhecimento científico, sempre passível de progresso; e também em razão da mutabilidade dos valores jurídicos fundamentais, uma vez que o Direito é um fenômeno situado na História e, portanto, mutável.

---

[70] *Idem*, p. 650.

[71] Zagrebelsky, Gustavo. *El derecho dúctil*, p. 124.

Ao lado da abertura, o sistema jurídico contém a nota da mobilidade, no sentido emprestado ao termo por Wilburg, citado por Canaris, significando a "igualdade fundamental de categoria e a mútua substituibilidade dos critérios adequados de justiça, com a renúncia simultânea à formação de previsões normativas fechadas".[72] Embora o Direito positivo seja principalmente imóvel, composto de previsões normativas rígidas, ele compreende partes móveis, que permitem confrontar a tendência generalizadora da justiça – resultante do princípio da igualdade – com a individualizadora, que considera as particularidades do caso concreto. A tendência generalizante refere-se à determinação *em geral* dos competentes critérios de justiça; enquanto a individualizadora faz as conseqüências jurídicas concretas desses pontos de vista dependerem de um caso singular, razão pela qual Canaris sintetiza: "o sistema móvel representa um compromisso particularmente feliz entre os diversos postulados da idéia de Direito (...) e equilibra a polaridade deles numa solução ponderada e 'intermédia'".[73]

A relação entre princípios e cláusula geral é íntima, considerando-se a cláusula geral técnica legislativa que confere ao intérprete maior flexibilidade, para fazer prevalecer os valores do ordenamento nas situações novas, não previstas pelo legislador.[74] Na lição de Judith Martins-Costa, a cláusula geral também é utilizada com dois outros sentidos: para designar certas normas jurídicas, nesse caso entendendo-se por cláusula geral as normas que contêm uma cláusula geral, e também para designar as normas produzidas por uma cláusula geral. Nesse item o enfoque será dado à boa-fé como técnica legislativa, considerando que a redação dada ao § 242 do Código Civil alemão ("O devedor deve cumprir a prestação tal como o exija a boa-fé, com consideração pelos costumes do tráfego jurídico"), o exemplo mais lembrado de cláusula geral e que fez história consistiu num importante fator para explicar a ultrapassagem e a extensão alargada da boa-fé para além do direito obrigacional, ao lado da atividade judicial.[75]

Perelman prefere a expressão *noções de conteúdo variável* para designar os conceitos vagos, introduzidos pelo legislador, tendo em conta a infinita variedade das circunstâncias e o fato de não ser capaz de prevê-las com precisão, admitindo a dificuldade de aplicação de regras rígidas a situações mutáveis e, assim, atribuindo ao juiz a função de defini-las em cada caso.[76]

---

[72] Canaris, Claus-Wilhelm. *Pensamento sistemático e conceito de sistema na Ciência do Direito*, p. 282.

[73] *Idem*, p. 145.

[74] Tepedino, Gustavo. *Temas de Direito Civil*, p. 207.

[75] Martins-Costa, Judith. *A boa-fé no Direito Privado*, p. 286-290.

[76] Perelman, Chaïm. "Les Notions à Contenu Variable en Droit, Essai de Synthèse." In: *Les Notions à Contenu Variable en Droit*, p. 365.

Nesta linha de raciocínio, e considerando-se os princípios veículos ou mandatos de otimização de valores, pode-se afirmar que ingressam no ordenamento redigidos em cláusulas gerais, demonstrando a interação entre princípios e cláusulas gerais. Nesse sentido, é exemplar a lição de Judith Martins-Costa, para quem as cláusulas gerais constituem o meio legislativamente hábil para permitir o ingresso, no ordenamento jurídico, de princípios valorativos, expressos ou ainda inexpressos legislativamente, de *standards*, máximas de conduta, arquétipos exemplares de comportamento, das normativas constitucionais e de diretivas econômicas, sociais e políticas, viabilizando a sua sistematização no ordenamento positivo.[77]

Essa interação, no entanto, não chega a significar a identificação dos princípios com as cláusulas gerais, cuja distinção fica clara a partir do exemplo da boa-fé no Direito Civil brasileiro, sem desconsiderar as respeitáveis posições contrárias.

Na vigência do Código Civil revogado, Judith Martins-Costa anotou que, diante da ausência da cláusula geral da boa-fé, utilizava-se a boa-fé como princípio implícito, mas com uma função típica de uma cláusula geral,[78] de reenviar o intérprete a critérios objetivos, como os padrões de comportamento, por exemplo, que será o tema do item 5.3.2, *infra*. No novo Código Civil, pode-se identificar no art. 422 uma cláusula geral ("Os contratantes são obrigados a guardar, assim na conclusão do contrato, como em sua execução, os princípios da probidade e boa-fé"), na medida em que se abre para o intérprete uma fase de investigação do que seria a conclusão e execução do contrato de boa-fé, pois não se encontram definições na lei. Diante disso, percebe-se que a alusão ao princípio da boa-fé não subtrai e nem se confunde com a função de cláusula geral do artigo. De fato, a norma que configure cláusula geral pode conter um princípio – o que ocorre na maioria das vezes –, reenviando o intérprete ao valor nele positivado, mas não em outras, como no caso do CDC, art. 7º ("Os direitos previstos neste Código não excluem outros decorrentes de tratados ou convenções internacionais de que o Brasil seja signatário, da legislação interna ordinária, de regulamentos expedidos pelas autoridades administrativas competentes, bem como dos que derivem dos princípios gerais do direito, analogia, costumes e eqüidade"), que reencaminha o intérprete para outro estatuto. No caso da cláusula geral da boa-fé, identificada no CC, art. 422, está contido o princípio da boa-fé, para o qual a cláusula geral serve de apoio do sistema na realização do valor da boa-fé, tratando-se de norma que é princípio e cláusula geral ao mesmo tempo.[79]

---

[77] Martins-Costa, Judith. *A boa-fé no Direito Privado*, p. 274.

[78] *Idem*, p. 347.

[79] *Idem*, p. 323.

A função da cláusula geral como técnica legislativa diferencia-se da casuística. Na definição de Karl Engisch, a cláusula geral deve ser entendida como "uma formulação da hipótese legal que, em termos de grande generalidade, abrange e submete a tratamento jurídico todo um domínio de casos",[80] em contraposição à casuística, entendida como "a configuração da hipótese legal (enquanto somatório dos pressupostos que condicionam a estatuição) que circunscreve particulares grupos de casos em sua especificidade própria",[81] idéia a ser completada com uma mais precisa, na citação do mesmo autor, por Judith Martins-Costa:

> A casuística não significa outra coisa senão a determinação por meio de uma concreção significativa, isto é, regulação de uma matéria mediante a delimitação e determinação jurídica em seu caráter específico de um número amplo de casos bem descritos, evitando generalizações amplas como as que significam as cláusulas gerais.[82]

Ocorre que a lei não pode tudo prever e regular, sendo reconhecida a impossibilidade de esgotamento, pelo legislador, de todas as situações da vida que concretamente possam vir a ocorrer, não por falha ou erro legislativo, mas em conseqüência da natureza das coisas. O reconhecimento de tal limite é, inclusive, o pressuposto da eqüidade. De fato, "A necessidade da aplicação da eqüidade decorre do fato de que as leis dizem genericamente e para todos, sem diferenciar todas as nuanças que possam existir na esfera dos fenômenos, de modo que surgem casos para os quais, se aplicada a lei (*nómos*) em sua generalidade (*kathólou*), estar-se-á a causar uma injustiça por meio do próprio justo legal",[83] cumprindo acrescentar que a noção aristotélica da eqüidade, derivada da generalidade da lei, está presente no conceito contemporâneo de eqüidade.[84] Por isso, a eqüidade tem sido qualificada como a justiça do caso concreto, traduzindo as virtudes gregas da moderação e do bom senso ao permitir a correção do que há de excessivamente genérico na norma legal.[85]

Nesse contexto, a cláusula geral vem a diminuir o campo da eqüidade, na medida em que permite abarcar, no texto legal, situações impossíveis de serem especificamente previstas pelo legislador, de um lado, e consistindo em âncora fixada no Direito Positivo, de outro, com isso limitando o âmbito de livre criação da norma eqüitativa pelo julgador. Na idéia de Canaris, a cláusula geral é, inclusive, representativa da segurança jurídica, perante a ausência de contornos da cláusula de eqüidade.[86] Nesses

[80] *Introdução ao Pensamento Jurídico*, p. 229.

[81] *Idem*, p. 228.

[82] Martins-Costa, Judith. *A boa-fé no Direito Privado*, p. 296-297.

[83] Bittar, Eduardo. *A justiça em Aristóteles*, p. 128.

[84] Carvalho Filho, Milton Paulo de, *Indenização por eqüidade no Novo Código Civil*, p. 26-30.

[85] Comparato, Fábio Konder. *Ética, Direito, Moral e Religião no mundo moderno*, p. 528.

[86] Canaris, Claus-Wilhelm. *Pensamento sistemático e conceito de sistema na Ciência do Direito*, p. 145.

termos, verifica-se que as aproximações entre a eqüidade e a boa-fé não se justificam, pois a boa-fé pressupõe a consideração de regras técnicas, instrumentais e formais, amparando-se em reduções dogmático-sistemáticas que a tornam passível de controle e que são ignoradas pela eqüidade.[87]

No entendimento de Wieacker, as cláusulas gerais refletem o êxito do legislador ao lidar com a escolha entre abstrações empobrecedoras e uma casuística acanhada, tratando-se de linhas de orientação que, ao mesmo tempo, vinculam e dão liberdade ao juiz.[88] Para o jurista alemão, as cláusulas gerais consistem em concessão do positivismo à auto-responsabilidade dos juízes e a uma ética social transpositiva, inspirada no papel da *bona fides* romana, pois a referência feita pelo legislador às cláusulas gerais, como a boa-fé, por exemplo, transforma a atividade do juiz em "algo de mais apto para as mutações e mais capaz de durar do que aquilo que era de esperar".[89] Isso porque o preenchimento das cláusulas gerais permite adaptar a ordem jurídica à evolução social e à ética jurídica e social, a partir daquilo que ocorre no mundo real, por meio de reflexão e ponderação, ao que correspondeu a jurisprudência alemã a partir da Segunda Guerra Mundial.

Para Menezes Cordeiro, acompanhando a lição de Garstka, as cláusulas gerais têm natureza relativa, pois seu contorno não prescinde do cotejo com outras realidades normativas, sendo impossíveis de serem definidas em absoluto. Além disso, constituem categoria formal e não se confundem com remissões extrajurídicas, objetivando a regulação de comportamentos. O autor português refere-se ainda à improdutividade de relacionar cláusulas gerais e conceitos indeterminados, pois afirma a possibilidade de cláusula geral estatuída com recurso a conceitologia precisa, consignando que seu traço característico consiste na extensão de seu campo previsivo-estatutivo, o que permite que as cláusulas gerais possam abranger uma elevada série de situações.[90] Quando associadas a conceitos indeterminados, no sentido de carentes de valoração, como a boa-fé, as cláusulas gerais conferem ao intérprete um poder considerável, uma vez que não basta uma referência à boa-fé para estabelecer comunicação suficiente na solução de casos concretos.[91]

De fato, a alusão à boa-fé na fundamentação não se afigura suficiente para corresponder a uma expectativa positivista, tornando-se suspeito de contornar ou distorcer as normas codificadas aquele que a invoca,[92] em razão

---

[87] Menezes Cordeiro. *Da boa-fé no Direito Civil*, p. 1.207-1.208.

[88] Wieacker, Franz. *História do Direito Privado Moderno*, p. 545.

[89] *Idem*, p. 545-546.

[90] Menezes Cordeiro. *Da boa-fé no Direito Civil*, p. 1.183.

[91] *Idem*, p. 1.189.

[92] Hassemer, Winfried. "Sistema jurídico e codificação: A vinculação do juiz à lei." In: *Introdução à filosofia do Direito e à teoria do Direito Contemporâneas*, p. 288.

da indeterminação de seu conteúdo. Desse modo, de acordo com Hassemer, torna-se necessário justificar sua aplicação em cada caso, apesar da positivação do princípio da boa-fé, cuja codificação atenuaria a exigência de legitimação da decisão jurídica, tratando-se de princípio consentido, do qual a norma é portadora. Isso porque, em que pese a positivação do princípio, a insuficiência do método subsuntivo na sua aplicação implica o aumento da necessidade de justificação racional na fundamentação de sua aplicação.

Passa-se ao exame da boa-fé como cláusula geral, desde logo afastando a boa-fé subjetiva dessa qualificação, por lhe faltar uma referência de conjunto e sem que lhe possa ser atribuída extensão mais ampla, no sentido de regulagem de casos não previstos pelo legislador, encontrando aplicação no Direito brasileiro especialmente em matéria possessória.

Neste ponto, é interessante ilustrar o significado da boa-fé objetiva como cláusula geral, a partir daquilo que Menezes Cordeiro observou com base no Código Civil português, demonstrando que a caracterização da cláusula geral de boa-fé não se prende apenas à vagueza do conceito, mas também à margem conferida ao intérprete na fixação do conteúdo da norma diante de cada caso concreto.

O autor reconhece a boa-fé objetiva como cláusula geral nos arts. 762º/2 e 437º/1:

> ("No cumprimento da obrigação, assim como no exercício do direito correspondente, devem as partes proceder de boa-fé" e "Se as circunstâncias em que as partes fundaram a decisão de contratar tiverem sofrido uma alteração anormal, tem a parte lesada direito à resolução do contrato, ou à modificação dele segundo juízos de eqüidade, desde que a exigência das obrigações por ela assumidas afecte gravemente os princípios da boa-fé e não esteja coberta pelos riscos próprios do contrato", respectivamente);

Mas não nos arts. 227º/1 e 334º:

> ("Quem negocia com outrem para conclusão de um contrato deve, tanto nos preliminares como na formação dele, proceder segundo as regras da boa-fé, sob pena de responder pelos danos que culposamente causar à outra parte" e "É ilegítimo o exercício de um direito, quando o titular exceda manifestamente os limites impostos pela boa-fé, pelos bons costumes ou pelo fim social ou económico desse direito", respectivamente).

Segundo o autor, no Direito das Obrigações (arts. 762º e 437º), a boa-fé assume vocação mais ampla em razão do complexo normativo aplicável que lhe permite o enquadramento como cláusula geral extensiva ou restritiva; enquanto na *culpa in contrahendo* (art. 227º), a boa-fé não encontra conexão vigente ou histórica que permita falar em generalidade. O mesmo ocorre no abuso do Direito (art. 334º), ele próprio cláusula geral, razão pela qual não se atribui extensão especial à boa-fé no referido artigo.[93]

A leitura dos textos dos artigos e as conclusões de Menezes Cordeiro auxiliam na clarificação do sentido atribuído à cláusula geral, apreendido em função da extensão da indeterminação assumida pela boa-fé em cada dispositivo legal, negando-se-lhe o caráter de cláusula geral nos casos em que se afigura diminuta sua aplicação em razão das vinculações legais. Isso porque a generalidade é característica típica das cláusulas gerais, conferindo mobilidade ao sistema ao permitir que a norma se amolde a um vasto número de situações pela atuação judicial integradora,[94] o que explica a negação do caráter de cláusula geral nos dispositivos legais que não confiram tal extensão à boa-fé.

De fato, a acepção da boa-fé como cláusula geral prende-se a sua vocação para regular hipóteses não especificamente previstas na lei, de tal modo que autorize a criação de tipos extraídos da repetição de julgados, permitindo identificar estruturas duplicadas, bem como o reaparecimento dos mesmos valores e pontos de referência.[95] Isso não ocorre nas hipóteses em que a boa-fé aparece conectada com inúmeras outras disposições normativas, as quais diminuem a margem de integração do intérprete e, conseqüentemente, a extensão da boa-fé.

As conclusões de Menezes Cordeiro sobre a boa-fé como cláusula geral podem ser transpostas para o Código Civil brasileiro, diante da semelhança dos dispositivos legais. Como já consignado, o art. 422 reza: "Os contratantes são obrigados a guardar, assim na conclusão do contrato, como em sua execução, os princípios de probidade e boa-fé". O art. 113 diz: "Os negócios jurídicos devem ser interpretados conforme a boa-fé e os usos do lugar de sua celebração"; enquanto o art. 187 dispõe: "Também comete ato ilícito o titular de um direito que, ao exercê-lo, excede manifestamente os limites impostos pelo seu fim econômico ou social, pela boa-fé ou pelos bons costumes". As redações dos arts. 422 e 187, do Código Civil brasileiro, são parecidas com os dispositivos dos arts. 762º/2 e 334º, do Código Civil português, aplicando-se a conclusão quanto ao caráter firme da boa-fé como cláusula geral apenas no art. 422, do Código Civil brasileiro, dada a limitação das possibilidades de extração de tipos dogmáticos com base na boa-fé, no âmbito do abuso do Direito, este sim a ser construído sistematicamente a partir da previsão do CC, art. 187.

---

[93] Menezes Cordeiro. *Da boa-fé no Direito Civil*, p. 1.192.

[94] Godoy, Claudio Luiz Bueno de. *Função social do contrato*, p. 105.

[95] Menezes Cordeiro. *Da boa-fé no Direito Civil*, p. 1.193.

Além disso, o art. 422 é associado pela doutrina à função de integração da boa-fé, remetendo aos deveres de comportamento do credor e devedor, ainda que não expressos na lei ou no contrato[96] e corroborando seu enquadramento como cláusula geral, genérica e carente de valoração, portanto passível de concretização, mediante a ponderação das variáveis sobre o comportamento das partes, identificadas na operação de preenchimento de seu conteúdo, à luz do caso particular.

Por outro lado, o art. 113, do nosso Código Civil, não guarda correspondência com a lei portuguesa, correspondendo à função interpretativa da boa-fé.

5.3.1. Críticas às cláusulas gerais: a incerteza e a insegurança jurídica. Possibilidade de superação

Uma das críticas endereçadas à cláusula geral de boa-fé, identificada no art. 422, do Código Civil Brasileiro, é a falta de previsão de quais seriam os *standards* correspondentes à boa-fé e se outros poderiam ser adotados pelas partes,[97] bem como a omissão do legislador quanto a diretrizes materiais que servissem de indicação de como preencher o conceito, evitando seu uso meramente retórico, com o qual o mundo atual não se contenta mais.[98] A necessidade de descrição de conseqüências, na lei, em relação à boa-fé, acabou indiretamente reconhecida por Antunes Varella, em comentário ao art. 227, do Código Civil português, no qual afirmou que a proclamação do princípio da boa-fé na preparação e na formação do contrato seria puramente platônica, não fosse a consagração da responsabilidade pré-contratual do contratante faltoso,[99] revelando sua concordância com a insuficiência do conceito aberto para garantir que a boa-fé não ficasse relegada ao plano ideal e para que lhe fosse assegurada aplicação concreta.

Os inconvenientes da generalidade da cláusula geral não passaram despercebidos por Wieacker, que adverte sobre o reverso das cláusulas gerais, pois, se desvirtuadas, acabam por possibilitar a parcialidade, o moralismo subjetivo ou valorações pessoais do julgador, por não serem passíveis de subsunção. Por essa razão, o autor sustenta a necessidade de apurar a técnica, pela teoria do Direito e pela tradição judicial, a fim de desenvolver o uso correto das cláusulas gerais, para que não representem perigo para as ordens jurídicas.[100]

---

[96] Noronha, Fernando. *O Direito dos contratos e seus princípios fundamentais*, p. 151.

[97] Azevedo, Antonio Junqueira de. "Insuficiências, deficiências e desatualização do projeto de Código Civil (atualmente, código aprovado) na questão da boa-fé objetiva nos contratos." In: *Estudos e pareceres de Direito Privado*, p. 150.

[98] *Idem*, p. 156-157.

[99] Varella, João de Matos Antunes. *Das obrigações em geral*, nota 1, p. 31.

[100] Wieacker, Franz. *História do Direito Privado Moderno*, p. 546-547.

Em resumo, a generalidade das cláusulas gerais, de um lado, tem a vantagem de permitir que a norma se amolde a situações não previstas, na concretização dos valores positivados nos princípios e conferindo mobilidade ao sistema. Mas, de outro, suscita questões relativas à certeza e à segurança jurídica.

Sem embargo das paixões que a questão desperta, certo é que, na prática, as cláusulas gerais integram a realidade dos ordenamentos, de modo que a questão de como se dá sua aplicação afigura-se mais proveitosa do que centrar a discussão sobre seus perigos e desvirtuamentos, tanto mais dentro de uma perspectiva do enobrecimento do Direito, por meio da consideração dos princípios e valores, e constatada a insuficiência do Direito formalmente considerado, para cumprir seu papel de regulador do convívio humano em sociedade.

De fato, o processo histórico e a alteração dos valores, afirmados nos itens 4.3 e 4.3.2, alteraram os paradigmas que sustentavam a crença na absoluta segurança jurídica ao comprometer os dogmas que se refletiam na ideologia da sociedade, na ideologia da unidade legislativa e na ideologia da interpretação,[101] refletindo-se numa nova técnica legislativa que obriga o operador do Direito a se debruçar sobre o caso concreto, em busca da realização dos valores da justiça e da solidariedade positivados na Constituição.

Cunha de Sá menciona ainda (tratando do abuso do Direito, cuja lição se aplica por ser igualmente qualificado como cláusula geral) a necessidade de preparo do órgão julgador para apreciar os comportamentos humanos e ter em mente os fins últimos da ordem jurídica, desapegando-se do formalismo positivo ou burocratizado e, nessa medida, tornando-se capaz de encontrar e defender os valores inerentes ao ordenamento, a fim de que não prevaleçam a certeza e a segurança jurídicas como "valores que a todo custo importe preservar e garantir, contra tudo e contra todos e apesar de todas as injustiças, de todos os contradireitos que elas implicassem ou a que não obviassem".[102]

Por outro lado, o mesmo autor ressalta que o juiz não goza de arbitrariedade, pois, na qualificação do abuso, não prescinde de critérios materialmente fundados na essência do Direito, sempre se fixando um ponto de referência concreto e objetivo, pelo qual o juiz deverá pautar sua apreciação, o que ocorre também em relação à boa-fé.

Especificamente sobre a superação da insegurança jurídica, objetada em razão da vagueza da expressão "boa-fé", Claudio Godoy observa que a doutrina

---

[101] Para o aprofundamento do tema, v. Judith Martins-Costa, *A boa-fé no Direito Privado,* p. 275-286.

[102] Cunha de Sá, Fernando Augusto. *Abuso do Direito*, p. 375-376.

e a jurisprudência encarregaram-se de torná-la plena de conteúdo, elaborando vasta construção teórica que permite a compreensão de sua extensão por todos. Como resultado, hoje não há mais reclamo contra a indeterminação da redação legal, o que demonstra, portanto, que a vagueza da expressão não é incompatível com a segurança jurídica, o que é passível de ocorrer com outras cláusulas gerais, como a função social do contrato.[103]

Nessa medida, eventuais incertezas ou inseguranças decorrentes da indeterminação do conceito utilizado pelo legislador na redação de normas que contenham cláusulas gerais acabam contornadas pela atividade complementar dos intérpretes da lei, em qualquer atividade jurídica e à luz da realidade social. Isso propicia atualidade e sintonia do Direito com a comunidade, podendo-se concluir pela prevalência dos aspectos positivos sobre os negativos na utilização das cláusulas gerais.

5.3.2. A valoração da cláusula geral da boa-fé, mediante o preenchimento de seu conteúdo, diante de caso concreto. Os *standards* como critério objetivo

Verifica-se a necessidade de lançar luz sobre os critérios objetivos que auxiliam a concretização dos valores expressos nos princípios e cláusulas gerais, que conferem significado ao Direito e permitem colocar a técnica jurídica a serviço de sua realização, sem cair no arbítrio, a partir da perspectiva de que a certeza do Direito é garantia do Estado Democrático de Direito, mas "não é um valor que decorra da pura e simples consideração abstracta das normas, mas apenas da conjugação de cada norma e do comportamento humano que ela se destina a regular e de que é o reflexo experimental e antropologicamente adquirido".[104]

A possibilidade de refletir sobre a valoração inerente à concretização da cláusula geral, de modo objetivo, fica clara na concepção de conceito objetivo-normativo de Karl Engish. Para o autor, recorrer a valorações preexistentes e emanadas do corpo social implica valorações objetivas, pois aferidas na realidade e não com base no sentimento pessoal do juiz. Por outro lado, como integrante da sociedade, o juiz pode consultar seu sentimento ético em busca do padrão ou critério adequado, de todo modo sujeito à averiguação, avaliando se não se encontra isolado em sua concepção e ciente de que não é seu ponto de vista pessoal que interessa.

---

[103] Godoy, Claudio Luiz Bueno de. *Função social do contato*, p. 190.

[104] Cunha de Sá, Fernando Augusto. *Abuso do Direito*, p. 380.

Nas palavras do autor: "Os conceitos 'normativos' podem antes significar que o órgão aplicador do direito deve procurar e determinar as valorações preexistentes num sector social 'dirigente', 'relevante'. Nesta medida, falamos de valorações objetivas,"[105] completando em seguida; "(...) a 'valoração' que o conceito normativo aqui exige é, num caso como no outro, uma questão de conhecimento. O órgão aplicador do Direito tem de 'averiguar' quais são as concepções éticas efectivamente vigentes. (...) A valoração própria (pessoal) é, portanto, apenas uma parte integrante do material do conhecimento, e não o último critério de conhecimento."[106]

Assim, a doutrina admite a possibilidade de atuação segura e objetiva da cláusula geral, fornecendo critérios para sua aplicação, o que se aplica perfeitamente em relação à boa-fé.

Para Menezes Cordeiro, a indeterminação da cláusula geral de boa-fé não implica o arbítrio, pois sua concretização pressupõe pontos materiais (dados da realidade) que consistem em parâmetros passíveis de controle. Nesse pressuposto, Menezes Cordeiro afirma que a repetição de julgados permite que se fixem pontos de referência essenciais, afastando outros e fornecendo elementos para orientar a decisão, na complementação judicial do sistema, a qual reduz a margem de discricionariedade.[107] Desse modo, a atividade jurisprudencial acaba por completar o conceito, a partir da interpretação dos fatos à luz dos princípios e valores tutelados, passando a servir de diretriz a todos os destinatários da norma quanto ao significado da boa-fé. Nesse diapasão, a liberdade do julgador estaria menos limitada apenas nas primeiras decisões sobre o conteúdo da boa-fé, o que, ainda assim, não se confunde com o arbítrio, apenas corroborando a não plenitude do sistema jurídico.

A inter-relação entre a cláusula geral da boa-fé objetiva e os *standards* é reconhecida pela doutrina e remonta às interpretações da boa-fé perante o § 242, do Código Civil alemão, e perante os sistemas da *common law*. Na definição de Judith Martins-Costa,

> Já por "boa-fé objetiva" se quer significar (...) modelo de conduta social, arquétipo ou standard jurídico, segundo o qual "cada pessoa deve ajustar a própria conduta a esse arquétipo, obrando como obraria um homem reto: com honestidade, lealdade, probidade". Por este modelo objetivo de conduta levam-se em consideração os fatores concretos do caso, tais como o *status* pessoal e cultural dos envolvidos, não se admitindo uma aplicação mecânica do *standard*, de tipo meramente subsuntivo.[108]

---

[105] Engish Karl. *Introdução ao Pensamento Jurídico,* p. 236-237.

[106] *Idem,* p. 239.

[107] Menezes Cordeiro. *Da boa-fé no Direito Civil,* p. 1.191.

[108] Martins-Costa, Judith. *A boa-fé no Direito Privado,* p. 411.

Pela lição *supra*, verifica-se que o *standard* não só auxilia na concreção da cláusula geral como também integra a sua própria definição, identificando-se a boa-fé objetiva ao padrão de comportamento que compõe o arquétipo do bom pai de família, identificação que exsurge clara na citação de Cláudio Godoy: "(...) a boa-fé objetiva significa um *standard*, um padrão de comportamento reto, leal, veraz, de colaboração mesmo, que se espera dos contratantes".[109]

No conceito da boa-fé objetiva estão subjacentes as idéias e ideais de honestidade, retidão, lealdade e consideração com os interesses do outro, englobando situações impossíveis de tabulação ou arrolamento *a priori*.

Nesse contexto, a remissão do significado da boa-fé ao *standard* indica que a avaliação dos comportamentos envolvidos dar-se-á com base na idéia de normalidade inerente ao senso comum e à luz dos elementos objetivos do caso concreto; não se tratando de *standard* de cunho moral, impreciso e vago.[110]

Pelo exposto, percebe-se que tanto na construção teórica da boa-fé quanto na sua aplicação deve-se atribuir um relevante papel aos *standards*, passando-se ao exame de seu significado e do modo como influem na interpretação e na decisão baseada na boa-fé, que consiste em parâmetro objetivo considerado na operação mental do intérprete, o qual guarda atuação também na etapa de justificação racional da escolha, ou seja, na argumentação.

Preocupado em conciliar a aplicação das cláusulas gerais com a obrigação de motivação coerente das decisões, para evitar o arbítrio, identificado com a injustiça por muitos juristas, Perelman afirma que, freqüentemente, a solução será apelar para os *standards*, no Direito Civil, tratando-se de critérios fundados naquilo que parece normal e aceitável para o corpo social.[111]

Na definição de Rials, os *standards* são instrumentos de medida em termos de normalidade, encontrando-se a unidade conceitual na idéia de normalidade, discernida em estado puro ou como padrão da idéia aplicada, que só pode ser concebida em termos de normalidade, acrescentando que o *standard* não é uma regra, mas sim uma técnica de formulação da regra de Direito, disponível para o legislador, o juiz ou a autoridade administrativa. Rials nega o uso do *standard* como exercício de poder discricionário, pois, segundo afirma, não há julgamento sem norma prévia, de modo que a fixação do conteúdo da norma, pela jurisprudência, parte de uma regra inicial, tratando-se de um poder normativo. Por outro lado, salienta a função retórica

---

[109] Godoy, Claudio Luiz Bueno de. *Função social do contrato*, p. 72.

[110] Martins-Costa, Judith. *A boa-fé no Direito Privado*, p. 418.

[111] Perelman, Chaïm. "Les Notions à Contenu Variable en Droit, Essai de Synthèse." In: *Les Notions à Contenu Variable en Droit*, p. 368.

dos *standards,* em conseqüência da referência à idéia de normalidade, que torna o discurso jurídico mais persuasivo e legítimo, suscitando a adesão do auditório e, ao mesmo tempo, salientando os *standards* como revelações dos valores da jurisprudência, que possibilitam aos juízes jogar com a ambigüidade entre a normalidade descritiva e a normalidade dogmática, por meio de avaliação mais ou menos abstrata, o que resulta em decisões que declaram opções políticas do julgador.[112]

Para Larenz, os *standards são* formas de comportamento social típico, com caráter normativo integrado na consciência daqueles que atuam ou julgam de acordo com os costumes de determinada comunidade, identificados com os usos do tráfego e comerciais, assim como com a moral social dominante, referida na fórmula de "bons costumes".[113] Assim, traduzem-se em "pautas normais de comportamento social correcto, aceites na realidade social",[114] que não são passíveis de subsunção silogística, devendo ser inferidos da conduta reconhecida como típica e concretizados permanentemente, quando de sua aplicação ao caso a julgar.

Menezes Cordeiro utiliza o termo *padrão* para designar *standard,* identificado com a média e com a normalidade. Esser, citado pelo autor português, entende o padrão jurídico como remissão para o senso comum, para considerações e modos de comportamento do tráfego normal, com papel primordial onde não haja um sistema de derivações axiomáticas; atribuindo a Strache a aproximação entre padrões e tipos jurídicos e a identificação dos padrões como tipos reais, por implicarem elementos empíricos. Os "bons costumes" são citados como exemplo de *standard* ou padrão, trazendo à luz as pré-representações dos traços típicos, normais e padronizados, que vinculam o intérprete aplicador, reconhecendo-se, nos padrões, elementos normativos próprios, extraídos da generalização dos pontos eleitos como relevantes.[115]

Vejamos a funcionalidade dos *standards* em relação à boa-fé, do ponto de vista da Filosofia e da Teoria Tridimensional do Direito.

A análise do fenômeno jurídico pelo ângulo tridimensional, à luz do que foi estudado até agora, autoriza identificar, no que diz respeito ao objeto deste trabalho, a cláusula geral com a Norma e a boa-fé com o Valor que a primeira visa realizar, cumprindo aprofundar o tema do Fato e a possibilidade de sua identificação com o *standard.*

---

[112] Rials, Stéphane. "Les standards, notions critiques du droit." In: *Les Notions a Contenu Variable en Droit,* p. 43-53.

[113] Larenz, Karl. *Metodologia da Ciência do Direito,* p. 660.

[114] *Idem,* mesma página.

[115] Menezes Cordeiro. *Da boa-fé no Direito Civil,* p. 1.187-1.188 e nota nº 266.

Na Teoria de Miguel Reale, o fato guarda relação dialética com a norma e o valor, de modo que só se compreende o fato jurídico quando referido a uma norma e ao valor que ela visa realizar.[116] Já a noção de *standard* pode ser compreendida como a conduta social que fornece sentido aos comportamentos individuais, conferindo conteúdo às abstrações normativas, como a boa-fé.[117] Isso significa fixar o *standard* como paradigma a ser confrontado com os fatos reais, na perspectiva de que a adequação do padrão de comportamento não prescinde do caso concreto para ser aferida. De fato, o *standard* contém elementos empíricos, não se confundindo com uma categoria abstrata, apesar de igualmente não consistir em referência a uma situação concreta específica,[118] o que o aparta do fato. Assim, ao que parece, o *standard* não é passível de recondução às bases do tripé da Teoria Tridimensional, pois consiste numa abstração, o que o distingue do fato; revela conotação de normalidade, mas não se confunde com o valor por conter elementos empíricos e dados reais; e não chega ao plano da norma porque não encontra o poder político e não goza de coação, se considerado isoladamente.

O caráter intermediário do *standard,* entre o fato, o valor e a norma, é ressaltado por Strache (na citação de Larenz), para quem o *standard* é "decerto um tipo real – mas é, ao mesmo tempo, sempre um tipo ideal axiológico".[119]

Talvez por isso, para Menezes Cordeiro "o padrão jurídico compartilha elementos normativos que lhe dão cunho próprio", sendo que "não existe uma situação de independência face ao intérprete-aplicador",[120] vislumbrando-se os *standards,* como instrumento auxiliar na valoração dos comportamentos, capazes de reduzir a margem de discricionariedade do julgador e de fornecer critérios objetivos de justificação racional para a concretização da cláusula geral. Isso porque, entendendo-se a cláusula geral como norma carente de ser preenchida com valorações, explica-se lançar mão dos *standards* como padrões de comportamento que agregam carga normativa e axiológica para o preenchimento de seu conteúdo.

Visto que a boa-fé é uma cláusula geral e que o *standard* auxilia na valoração necessária para o preenchimento de seu conteúdo, cumpre analisar como o recurso a padrão jurídico auxilia na concreção da boa-fé.

A boa-fé, pela sua generalidade, não remete a nenhum padrão ou *standard* específico, de modo que as referências legais à boa-fé não implicam a seleção de comportamentos a atender. Na lição de Menezes Cordeiro, a

---

[116] Reale, Miguel. *Teoria Tridimensional do Direito*, p. 119-120.

[117] Lorenzetti, Ricardo Luis. *Fundamentos do Direito Privado*, p. 194.

[118] Menezes Cordeiro. *Da boa-fé no Direito Civil*, p. 1.188.

[119] Larenz, Karl. *Metodologia da Ciência do Direito*, p. 661.

[120] Menezes Cordeiro. *Da boa-fé no Direito Civil*, p. 1.188.

relevância dos padrões é aferida em outra dimensão: na ponderação dos pontos de vista que conduzem à decisão segundo a boa-fé, isto é, na argumentação. Nesta medida, consiste em instrumento de justificação racional por se traduzir em elementos codificados e codificáveis que fazem sentido ao senso comum independentemente de explicações anteriores, pois estão situados no campo em que opera o pré-entendimento gadameriano e as pré-representações de atuação normal.

Tal pré-entendimento, ensina o mesmo autor, opera em toda mediação entre o conceito e o intérprete-aplicador, ainda que se trate de conceito descritivo ou reportado à realidade fática, pois o aplicador, mesmo "quando valore um conceito fáctico, fá-lo tendo em mira uma decisão pré-encontrada, jogando, em simultâneo, com a valoração de conceitos normativos e com todas as apreciações que as facetas do caso concitem".[121] Nesses termos, fixada a necessidade valorativa dos conceitos indeterminados, descritivos ou normativos, para qualquer compreensão e comunicação, fica esclarecida a importância dos *standards* ou padrões como pré-representações que atuam como parâmetros para a valoração das condutas.

Nesse raciocínio, Menezes Cordeiro sustenta que os *standards* correspondem a paradigmas a que se recorre em todas as situações que indicam a atuação da boa-fé, quando são feridas as aspirações de previsibilidade e equilíbrio, orientando o intérprete na busca da solução ou transformando-se ele mesmo em norma positiva, quando conflua com as indicações materiais de que seja portadora a boa-fé. Nesse caso, os *standards* ganham contornos de padrão jurídico verdadeiro[122] no preenchimento da cláusula geral da boa-fé, diante do caso concreto.

Nesses termos, pretendeu-se demonstrar como os *standards* podem auxiliar no preenchimento do conteúdo da cláusula geral de boa-fé, diminuindo a margem de discricionariedade e a insegurança jurídica, funcionando como critérios objetivos que norteiem os destinatários, intérpretes e aplicadores, apesar de não ocuparem o plano da norma, confirmando a abertura do sistema. Assim, no encontro entre as cláusulas gerais e os *standards* viabiliza-se a construção de uma ciência e uma prática jurídicas, antenadas com a realidade, resultando, por isso, na aptidão para corresponderem à sociedade e transformá-la, no alcance das finalidades sancionadora e promotora de comportamentos, que constituem objetos do Direito.

---

[121] *Idem*, p. 1.179.

[122] *Idem*, p. 1.195.

Conclusão

A boa-fé é identificada no contexto pré-jurídico impregnada de carga moral, sendo que a própria locução demonstra sua conotação positiva, de algo desejável. O conteúdo moral da boa-fé abrange seus aspectos subjetivo e objetivo, pois se refere à verdade e à não-contradição, incluindo a sinceridade e a honestidade com os outros, além da fidelidade à palavra dada e a manutenção da promessa, englobando tanto o interior quanto a revelação do ser. Diz respeito, portanto, à pessoa considerada integralmente, independentemente da conduta externada por ela, pois, de acordo com a consciência moral, basta a incoerência consigo mesmo para gerar o incômodo da contradição.

Como elemento ético, diversamente, apenas a boa-fé objetiva pode ser considerada, tratando-se de regra de conduta pautada no paradigma do homem probo, reto, leal e veraz. Isso porque a ética tem por objeto *a ação* individual ou social ordenada a um fim, consistindo em doutrina de caráter na qual se insere uma idéia moral, geralmente o Bem, sendo que o externar da conduta remete somente à boa-fé objetiva.

A aproximação da ética à conduta remonta a Aristóteles, para quem a virtude moral se adquiria pelo hábito. Em relação à boa-fé como virtude, é entendida como o amor e o respeito à verdade – não em termos absolutos, uma vez que a idéia de equilíbrio e meio-termo é inerente à virtude, admitindo-se a possibilidade de ponderação na sua realização e, portanto, a possibilidade de mentira na salvaguarda da vida, por exemplo.

No estudo da ética, a filosofia atual aponta a virtude como modelo de ser normativo. Nesse sentido, os hábitos de firmeza, coerência e lealdade que emanam da boa-fé ganham contornos de regra de conduta, que não se estende ao aspecto subjetivo, mas tão-somente àquilo que é revelado pela palavra e pela ação. Por isso, como já afirmado, a doutrina reconhece apenas a boa-fé objetiva como elemento ético.

De todo modo, os aspectos morais e éticos da boa-fé não constituem a explicação para sua aplicação pelos operadores do Direito, tratando-se de norma jurídica passível de controle e fundamentação jurídicos. Por outro lado, seu caráter ético guia o intérprete contra injustiças, permitindo justificar decisões que tenham em conta a finalidade da ação e o dever de orientação para o Bem, entendido como solidariedade e cooperação com o outro, ao lado dos interesses individuais.

A perspectiva solidária, que projeta efeitos sobre a boa-fé, é traço característico da ética antiga, segundo a qual a virtude moral, como meio para alcançar a felicidade, estava ligada ao cumprimento da função de cada um na *polis*, transcendendo a idéia da liberdade para a satisfação individual como fim último do ser e colocando o indivíduo como co-responsável pelo meio social.

A importância da comunidade é ressaltada por Hannah Arendt, para quem a inserção e a revelação do ser no mundo ocorrem por palavras e atos, produzindo-se, por meio do processo de agir e falar, uma realidade intangível, denominada "teia de relações humanas". Nessa teia, os homens estabelecem suas relações, imprimindo as marcas individuais que os distinguem uns dos outros, e constroem suas histórias, demonstrando a necessidade humana do convívio com seus pares para o desenvolvimento de cada um.

Sob o aspecto político, Hannah Arendt refere-se ao "espaço de aparência", criado sempre que os homens se reúnem pela ação e pelo discurso, o qual, com as noções de domínio público, de teia de relações e de revelação do ser, compõe o espaço comum, fora o qual os homens acabam esvaziados da capacidade de pensar, ficando sujeitos à manipulação totalitária. Desse modo, a ação política não prescinde do espaço público, acentuando a necessidade do grupo tanto para a construção da individualidade, quanto para o desenvolvimento do homem político.

Assim, o convívio afigura-se essencial para o ser humano, em razão de sua própria natureza.

Contudo, a ação humana contém as notas da imprevisibilidade e da irreversibilidade, que resultam na fragilidade das relações, pois os homens não podem garantir hoje o que serão amanhã. Ao mesmo tempo, a impossibilidade de retorno à situação anterior pode levar à paralisação, o que dificulta o fortalecimento e o desenvolvimento da teia. Para lidar com tais dificuldades, a autora alude às faculdades humanas da promessa e do perdão, afirmando que a força que mantém as pessoas reunidas é a força da promessa ou do contrato, ao mesmo tempo em que a crença no perdão permite conviver com a irreversibilidade, sinalizando a possibilidade de conserto de eventual estrago provocado pela ação.

A confiança, filosoficamente considerada, relaciona-se à *philia,* entendida por Aristóteles como símbolo de harmonia nas relações sociais, indispensáveis para a construção da alteridade, permitindo a mútua referência entre os homens. Para o filósofo grego, a confiança é característica da *philia,* tratando-se de vínculo aferido com base na conduta das partes – e não em sentimentos ou sensações especiais –, reconhecendo-se a proteção da expectativa apenas diante de experiência anterior que a justifique. Isso denota o caráter objetivo da confiança, naquilo que compunha a *philia*.

A partir dos fundamentos filosóficos e antropológicos pretendeu-se demonstrar que a exigência de boa-fé não é criação do Direito, sendo-lhe anterior e corolário da frágil condição humana, que não prescinde de seus pares para se afirmar. De fato, a regra da boa-fé, sob o enfoque moral ou ético, ressalta a importância da congruência entre o agir e o falar, impondo um padrão de coerência nas relações e criando condições para que se confie na promessa e no perdão do outro, uma vez que a confiança, essencial para que se creia no perdão e na verdade da promessa, compõe a boa-fé. Nesses termos, a boa-fé funciona como facilitador da agregação de todos e da individualização de cada um, na medida em que os compromissos com a verdade, no sentido de coerência, e com a lealdade, além da proteção da confiança, que lhe são inerentes, são imperativos para o controle da imprevisibilidade da ação e, portanto, para o convívio harmônico.

Em relação à confiança, consiste na adesão a representações de situações presentes, passadas ou futuras, que influem na atividade ou na crença do outro, consubstanciando-se em base para as relações humanas. Sua origem pré-jurídica reflete-se no reconhecimento da tutela da confiança pelo Direito, independentemente de norma expressa, por meio da boa-fé, mantendo-se a aproximação entre a confiança e a boa-fé, constatada nos planos filosófico e antropológico.

A confiança é considerada uma ponte entre os âmbitos interno e externo da boa-fé, pois a boa-fé subjetiva representa o momento essencial da confiança, enquanto a boa-fé objetiva consiste em instituto legal para sua proteção, quando lhe faltar base própria. Sob este enfoque, percebe-se uma intersecção entre a confiança e a Moral, quanto à integração dos aspectos objetivo e subjetivo da boa-fé, o que não ocorre no plano da ética.

A confiança, no que diz respeito à boa-fé objetiva, está relacionada à expectativa legítima, fundada em conduta anterior, consistindo em elemento objetivo, como já destacado por Aristóteles. Por essa razão, na dogmática atual a confiança auxilia na concreção da boa-fé, ao permitir a demonstração racional da decisão, com base na avaliação do comportamento das partes, possibilitando identificar padrões que se repetem nas manifestações e fornecendo argumentos para a fundamentação. Com base em tais repetições, a doutrina conseguiu sistematizar a tutela da confiança em aplicações da boa-fé, identificando-a no *venire contra factum proprium*, na *surrectio* e na *supressio*, como limitações do Direito subjetivo de um, em conseqüência da proteção da confiança do outro, corroborando a conotação ética da boa-fé na restrição do individualismo e na realização da solidariedade.

Na regulamentação do convívio entre os homens, o Direito cumpre relevante papel, tratando-se do único sistema cujas normas são dotadas de efetiva coação. Sua aptidão para dar conta das demandas sociais, no entanto, não prescinde da consideração dos fatos e valores subjacentes à norma, sob pena do formalismo asséptico, que não basta para lhe garantir efetividade. Isso porque o Direito, diferentemente das ciências lógicas e matemáticas, tem por objeto o comportamento das pessoas, cuja ação é imprevisível e ilimitada, como constatado na perspectiva antropológica deste trabalho, reconhecendo-se um aspecto do ser humano que não é puramente racional. Nestes termos, a tentativa de reduzir o sistema jurídico a silogismos da lógica formal implica o enfraquecimento do Direito, em conseqüência da artificialidade inerente à desconsideração de uma parte de seu objeto: os aspectos irrazoáveis da realidade humana que se pretende regular.

Nesse passo, a concepção do positivismo jurídico de que as questões relativas a valores deveriam ser desconsideradas pelo Direito – entendido como um sistema completo e suficiente, no esforço de uma elaboração científica – acabou desmistificada diante das conseqüências verificadas na História, que deram conta do irrealismo de tal ideologia. De fato, as mudanças verificadas na estrutura da sociedade em razão do desenvolvimento industrial e das desigualdades resultantes da concepção individualista – que enaltecia a liberdade e a autonomia da vontade – repercutiram no Direito, que não é indiferente às alterações sociais, diante da interação dialética entre Fatos, Valores e Norma, numa perspectiva tridimensional do fenômeno jurídico.

Em outro plano, a experiência demonstrou a possibilidade de desvirtuamento do Estado de Direito, quando descomprometido com valores essenciais, como, por exemplo, a vida e a dignidade da pessoa humana. Isso porque, diante de tal descomprometimento, encara-se a lei como instrumento técnico, bastando o rigor formal para lhe conferir validade, o que não se mostrou suficiente para garantir o papel regulador do Direito, vislumbrando-se falha na sua missão de assegurar o convívio respeitoso entre os homens, como ocorreu no caso do Estado Nazista.

Nesse contexto, seja em razão do clamor social por leis protetivas da liberdade real, no pressuposto de que sem igualdade não há liberdade, seja com vistas a proteger o homem dos aspectos agressivos e ilimitados de sua personalidade, afirma-se a relevância do operar com valores no ordenamento sem esquecer da atualidade das questões voltadas à segurança e certeza jurídicas, no que persiste a utilidade da organização e da hierarquia inerentes ao sistema positivo.

Assim, o desafio atual consiste em conciliar a formalidade do ordenamento com as exigências sociais, que demandam soluções de justiça material e respostas efetivas, a destacar o papel dos princípios como veículos de valores. De fato, atualmente dispensa-se especial atenção aos princípios no ordenamento, como normas que podem ou não estar positivadas, de acordo com a corrente adotada. Mas, de todo modo, elas têm conteúdo axiológico que vincula os destinatários, legisladores, intérpretes e julgadores, ensejando uma compreensão da norma em consonância com os valores eleitos pelo legislador como fundamentais para o harmônico convívio entre os homens. No caso dos princípios positivados, não se discute a questão sobre sua imperatividade, pois são dotados da força do Estado, inclusive no âmbito do positivismo.

Entre os princípios, destacou-se a boa-fé, cuja essencialidade remonta às suas raízes, fincadas na natureza humana, pois a necessidade do espaço coletivo para a afirmação do ser humano como um ser diferente entre iguais – ou, na terminologia de Hannah Arendt, para a afirmação da singularidade na pluralidade – denota a suma importância das normas de caráter agregador e que permitam o estabelecimento de relações confiáveis entre os homens, construindo terreno sólido para o desenvolvimento de outras relações.

As bases constitucionais do princípio da boa-fé encontram-se na dignidade da pessoa humana e na solidariedade, pois o tratamento probo, veraz e leal, que se traduz como digno de confiança, é corolário dos direitos da personalidade, sendo que o respectivo descumprimento e a desconsideração do outro ferem a dimensão moral dos direitos da personalidade e, portanto, a dignidade humana. Quanto à solidariedade, envolve disposição de cooperação com os demais membros da comunidade, numa perspectiva que transcende o âmbito individual em prol do social, cuja influência se faz sentir na atual concepção da boa-fé.

A disposição constitucional da solidariedade sinaliza para uma visão objetiva dos direitos, ressaltada por Zagrebelsky, não mais associada à vontade individual livre, no sentido de descomprometida com o coletivo, mas sim compassada com as novas necessidades sociais. Nesses termos, a visão objetiva impõe deveres autônomos, de tal modo que os deveres passam a não mais serem considerados como um simples reflexo ou a outra face dos direitos e, portanto, não são passíveis de renúncia. De fato, a introdução do valor da solidariedade na Constituição foca o grupo, além do indivíduo, instaurando-se uma ordem objetiva e não transacionável, correspondente à idéia objetiva de solidariedade que, ao lado da justiça, projeta efeitos sobre todo o ordenamento. Por outro lado, a positivação da solidariedade resulta da captação pelo legislador da relevância do respectivo valor para o meio social, considerando as etapas de abstração da realidade, típicas do processo de elaboração da norma, a partir da idéia do Direito como algo que parte da realidade para a ela retornar.

Por isso, na busca da compreensão da boa-fé não se prescinde da averiguação de seu percurso ao longo da História, a fim de recompor os significados que lhe foram emprestados em cada realidade social e decompor os valores que lhe são inerentes.

O sentido e a extensão da boa-fé variaram em cada momento histórico-cultural, embora não tenha havido alteração em relação à expressão em si. Em cada contexto, os matizes da boa-fé mostraram-se diversos, ora mais objetivos, ora mais subjetivos, à luz dos valores preponderantes no instante considerado. O fenômeno pode ser mais bem observado em relação à boa-fé objetiva, considerando-se que, no que diz respeito à boa-fé psicológica, não houve grandes alterações de sentido ou ampliação do significado, restringindo-se sua aplicação no Direito à posse e ao usucapião.

No Direito romano, especificamente no sistema formular, admitia-se o caráter objetivo da boa-fé, fixado na conduta, atribuindo-se ao pretor a possibilidade de avaliar o comportamento das partes, recorrendo a critérios objetivos do que seria esperado em termos de diligência e probidade, incorporando-se os valores de confiança, respeito à palavra dada e promessa. Igualmente verificava-se a proteção da boa-fé subjetiva na tutela do usucapião, que consistia na crença da pessoa no ato de aquisição da posse, convencida de que seu ato não violava direito de outrem.

O Direito Canônico não desenvolveu o sentido objetivo, agregando à boa-fé a conotação religiosa da ausência de pecado, sendo que o destaque ao elemento íntimo e subjetivo estava de acordo com a idéia transitória da vida, e, nessa medida, com a efemeridade do âmbito externo do ser, pregada pelo Cristianismo.

Sob a influência germânica, a boa-fé mostrou-se inseparável da idéia de confiança, traduzindo-se em cristalização da confiança e do crédito em determinada pessoa, consagrando-se os ideais da cavalaria medieval relativos à honra e lealdade. A obrigação de cumprir os deveres assumidos no contrato (hoje identificada à lealdade contratual) e a necessidade jurídica de levar em conta os interesses da outra parte, não verificadas na boa-fé romana, compunham a boa-fé germânica, que acabou, nesses moldes, introduzindo-lhe valores novos que se espraiaram nas outras codificações.

Percebe-se, assim, que a concepção objetiva da boa-fé, transcendente ao ânimo psicológico do ser, não é nova, remontando ao Direito romano e ao Direito medieval, apesar de sua timidez no Direito brasileiro, ao menos até o advento do Código do Consumidor. Por outro lado, a nova acepção ou extensão conferida à boa-fé não se explica somente pela introdução da palavra "princípio" à frente da locução "boa-fé", devendo também ser atribuída à visão objetiva dos direitos, resultante do novo papel do Direito e à luz dos valores encontrados no meio social, cujas aspirações não se contentam mais com a justiça formal.

Tal se afirma com fundamento na Teoria Tridimensional do Direito, de Miguel Reale, segundo a qual se estabelece uma relação dialética de complementaridade entre o fato, o valor e a norma, de modo que a compreensão desta última não prescinde da análise da integralidade do fenômeno jurídico, no qual se inclui a dimensão da realidade e dos valores a ela imanentes.

Ora, a introdução do princípio constitucional e, portanto, do valor da solidariedade ao lado da justiça aponta para uma ordem jurídica calcada numa visão mais restrita da liberdade no exercício dos direitos subjetivos, que passam a encontrar limites nos deveres objetivos, como ocorre, por exemplo, quanto à necessidade de observância da função social em relação aos contratos e à propriedade, quando tradicionalmente se consideravam absolutos a autonomia da vontade e os direitos reais.

Os deveres de conduta impostos pela boa-fé objetiva situam-se nessa perspectiva, não só porque decorrem da lei e independem da vontade das partes – a fazer sentir a ressonância da visão objetiva –, mas também porque funcionam como autênticas limitações dos direitos subjetivos, no caso das concreções da boa-fé por meio do *venire,* da *supressio* e da *surrectio*, por exemplo. Isso se traduz na transcendência da concepção puramente individualista do homem, revelando a importância atualmente conferida às relações do indivíduo com o meio social, na instituição de uma ordem de cooperação, confiança e lealdade.

Os valores que se incorporaram e passaram a compor a feição atual da boa-fé traduzem-se na sua conotação como valor ético do ordenamento, com dois importantes matizes: o princípio e a cláusula geral, a segunda entendida como técnica de que se vale o legislador na redação da norma, podendo ou não corresponder a um princípio. No caso da cláusula geral da boa-fé, é certo que contém o princípio da boa-fé, uma vez que reenvia o intérprete aos valores agregados à boa-fé e positivados pelo princípio, como está expresso no art. 422, do Código Civil brasileiro.

Como princípio, a boa-fé sintetiza normas de comportamento voltadas à realização dos valores da solidariedade e da dignidade da pessoa humana, estimulando a verdade, a cooperação e a coerência, reforçadas pela coerção inerente às normas estabebelecidas pelo Estado. Destaca-se também seu importante papel na instauração de relações de confiança, promovendo condições para o compartilhamento do espaço comum e para o convívio, tão caro aos homens.

Contudo, os valores não são absolutos ao mesmo tempo em que guardam a nota da inexauribilidade no sentido de sua realização, suscitando conflitos em casos concretos. Nesse ponto, operar com princípios torna o manejo do Direito mais difícil, impondo ao operador uma carga de reflexão aprofundada sobre as questões em jogo. Para tanto, vem em auxílio o método da ponderação, em busca do equilíbrio entre os princípios e os valores em jogo, com o objetivo de compatibilizá-los e reduzi-los o mínimo possível, mas de modo a fazer prevalecer o mais relevante à luz do caso concreto. O pensamento orienta-se por problemas, mostrando-se insuficiente o silogismo e prevalecendo a lógica do razoável para o encontro da solução do conflito. A visão objetiva, incorporando elementos objetivos de solidariedade e justiça no âmbito de aplicação da norma, promove alteração inclusive do método de aplicação do Direito, dada a multiplicidade e a eventual contrariedade entre os valores a serem considerados, ao lado da liberdade, do individualismo e da autonomia da vontade.

Por meio da cláusula geral, permite-se a aplicação da boa-fé em situações não esgotadas pelo legislador, encarregando o intérprete do preenchimento do conteúdo da norma diante das circunstâncias particulares do caso concreto, permitindo-se desse modo a extensão dos valores de solidariedade, justiça, confiança e outros para além da regulagem específica. Assim, ao conferir ao intérprete a possibilidade de avaliação do comportamento das partes em confronto com o que seria esperado, valorando suas condutas diante das circunstâncias do caso concreto, a cláusula geral consiste em instrumento legal para possibilitar a extensão dos valores incorporados à boa-fé e positivados no princípio a situações não descritas na lei.

Por serem carentes de valoração, as cláusulas gerais são objeto de crítica, ao conferir ampla margem de interpretação ao juiz, o que suscita dúvida sobre sua compatibilidade com as garantias do Estado Democrático de Direito.

Neste ponto, vêm em socorro as concepções dos princípios como veículos de valores que orientam o ordenamento no sentido que proclamam, projetando-se sobre as demais normas e vinculando-as à sua realização, o que se traduz na idéia de que, na aplicação das regras, o órgão julgador não está livre, nem descompromissado com os objetivos fixados na Constituição. Desse modo, as cláusulas gerais, em vez de esconderem um vazio jurídico, consistem em técnica legislativa que permite expressar os princípios e inseri-los no Direito Positivo, com a vantagem de mantê-lo compassado com as mudanças sociais e com as peculiaridades do caso concreto, zelando por sua atualidade e eficácia sem a necessidade de alteração da lei.

Além da vinculação do julgador aos valores do ordenamento positivados nos princípios, a doutrina indica critérios objetivos para a concreção da boa-fé, como as decisões judiciais anteriores e os *standards* ou padrões de comportamento que compõem a consciência axiológico-jurídica de determinada comunidade e traduzem o senso comum, permitindo a justificação e o controle racional da decisão. Assim, reduz-se a margem do intérprete, verificando-se atualmente a consolidação na doutrina e na jurisprudência brasileiras, ao menos em relação à cláusula geral da boa-fé do reconhecimento de sua compatibilidade com a segurança jurídica.

Pelo exposto, conclui-se pela importância da superação de eventual intranqüilidade suscitada pela dificuldade de operar com princípios e valores contidos em cláusulas gerais, pois sua eliminação não bastaria para tornar o Direito um sistema de certezas ou de causa e efeito, como ocorre com a Matemática, em razão da fragilidade dos negócios humanos, decorrente da natureza imprevisível e ilimitada da ação humana. Se, por um lado, a complexidade do homem torna inviável sua redução a modelos fechados, por outro, comporta formas de compreensão, justificação e fundamentação além da lógico-formal, reconhecendo-se um senso comum que permite o controle da razoabilidade das decisões, em função daquilo que fizer sentido para a comunidade.

No mais, a insegurança dos negócios humanos, ao contrário de implicar o afastamento de normas carentes de valoração, coloca as questões dos valores no centro da discussão, diante do conteúdo ético e moral que se impõe no preenchimento da norma, permitindo lidar com o ser humano integralmente considerado. Acresce que a positivação dos valores, nos princípios, autoriza exigir sua observância, mediante o uso da força do Estado, além de sinalizar para a importância da solidariedade, da dignidade da pessoa humana, da confiança e dos demais valores contidos na boa-fé. Por outro lado, garante-se mobilidade ao sistema, por meio da cláusula geral da boa-fé, permitindo-se alcançar situações não previstas e a elas estender os valores eleitos pelo legislador, mitigando assim os riscos inerentes à ação humana e engrandecendo o papel do Direito como instrumento de regulagem do convívio em sociedade.

Bibliografia

Abbagnano, Nicola. *Dicionário de Filosofia*. São Paulo: Martins Fontes, 2003.

Alexy, Robert. *Teoría de los derechos fundamentales*. Tradução de Ernesto Garzón Valdés. Madrid: Centro de Estudios Constitucionales, 1997.

Arendt, Hannah. *A condição humana*. 10ª. ed. Rio de Janeiro: Forense Universitária, 2001.

_____. *Condition de l'homme moderne*. Traduit de l'anglais par Georges Fradier, Préface de Paul Ricoeur. Paris: Calmann-Lévy.

_____. *A vida do espírito: o pensar, o querer, o julgar*. Tradução de Antônio Abranches, Cesar Augusto R. de Almeida, Helena Martins, 5ª ed. Rio de Janeiro: Relume Dumará, 2002.

_____. *A dignidade da política*. Tradução de Helena Martins, Frida Coelho, Antonio Abranches, César Almeida, Claudia Drucker e Fernando Rodrigues, 3ª ed. Rio de Janeiro: Relume Dumará, 2002.

_____. *Eichmann em Jerusalém*. Tradução de José Rubens Siqueira. São Paulo: Companhia das Letras, 2001.

_____. *Responsabilidade e julgamento*. Tradução de Rosaura Eichenberg. São Paulo: Companhia das Letras, 2004.

Aristóteles. *Ética a Nicômaco*. Tradução de Leonel Vallandro e Gerd Bornheim. 2ª ed. São Paulo: Abril Cultural (Os pensadores), 1984.

Assier-Andriew Louis. *O direito nas sociedades humanas*. Tradução de Maria Ermantina Galvão. São Paulo: Martins Fontes, 2000.

Azara, Antonio & EULA, Ernesto. *Novissimo Digesto Italiano*, v. XIII. Torino: Editrice Torinese.

Azevedo, Antonio Junqueira de. *Estudos e pareceres de Direito Privado*. São Paulo: Saraiva, 2004.

_____. "Interpretação do contrato pelo exame da vontade contratual. O comportamento das partes posterior à celebração. Interpretação e efeitos do contrato conforme o princípio da boa-fé objetiva. Impossibilidade de *venire contra factum proprium* e de utilização de dois pesos e duas medidas (*tu quoque*). Efeitos do contrato e sinalagma. A assunção pelos contratantes de riscos específicos e a impossibilidade de fugir do 'programa contratual' estabelecido." In: *Revista Forense*, vol. 351. Rio de Janeiro: Forense, 2000.

_____. "A boa-fé na formação dos contratos." In: *Revista do Direito do Consumidor*, vol. 3, RT, set-dez 1992.

_____. "Princípios do Novo Direito Contratual e desregulamentação do mercado, direito de exclusividade nas relações contratuais de fornecimento, função social do contrato e responsabilidade aquiliana do terceiro que contribui para o inadimplemento contratual." In: *Revista dos Tribunais*, nº 750, p. 116.

Bittar, Eduardo C. B. *A Justiça em Aristóteles*. Rio de Janeiro: Forense Universitária, 1999.

Bobbio, Norberto. *A Era dos Direitos*. Tradução de Carlos Nelson Coutinho. Rio de Janeiro: Campus, 1992.

_____. *Dalla strutura alla funzione - Nuovi Studi di teoria del diritto*. Milão: Comunità, 1977.

_____. *Direito e Estado no pensamento de Immanuel Kant*. 2ª ed. Tradução de Alfredo Fait. São Paulo: Mandarim, 2000.

_____. *O Positivismo Jurídico: lições de filosofia do Direito*. Tradução de Márcio Pugliesi, Edson Bini, Carlos E. Rodrigues. São Paulo: Ícone, 1995.

_____. "Principi generali di diritto." In: *Novissimo Digesto Italiano*, vol. XIII, 1966, U.T.E.T.

_____. & Bovero, Michelangelo. *Sociedade e Estado na Filosofia Política Moderna*. 2ª ed. Tradução de Carlos Nelson Coutinho. São Paulo: Brasiliense, 1987.

Borda, Alejandro. *La teoria de los actos proprios*. 3ª ed. Buenos Aires: Abeledo-Perrot, 2000.

Caenegem, R. C. Van. *Uma introdução histórica ao Direito Privado*. 2ª ed. Tradução de Carlos Eduardo Lima Machado. São Paulo: Martins Fontes, 2000.

Canaris, Claus-Wilhelm. *Pensamento sistemático e conceito de sistema na ciência do Direito*. 2ª ed. Tradução de A. Menezes Cordeiro. Lisboa: Fundação Calouste Gulbenkian, 1996.

Carbonnier, Jean. *Sociologia Jurídica*. Tradução de Diogo Leite de Campos. Coimbra: Livraria Almedina, 1979.

Carneiro da Frada, Manuel Antônio de Castro Portugal. *Teoria da Confiança e Responsabilidade Civil*. Coimbra: Livraria Almedina, 2004.

Carvalho Filho, Milton Paulo de. *Indenização por eqüidade no Novo Código Civil*. São Paulo: Atlas, 2003.

Comparato, Fábio Konder. *Ética, Direito, Moral e Religião no mundo moderno.* São Paulo: Companhia das Letras, 2006.

_____. "O Direito como parte da ética." In: *O que é a Filosofia do Direito?* Barueri, SP: Manole, 2004.

Comte-Sponville, André. *Pequeno Tratado das Grandes Virtudes.* Tradução de Eduardo Brandão. São Paulo: Martins Fontes, 2004.

Cruz e Tucci, José Rogério e Azevedo, Luiz Carlos. *Lições de História do Processo Civil Romano.* São Paulo: Revista dos Tribunais, 1996.

Cunha de Sá, Fernando Augusto. *Abuso do Direito.* Coimbra: Livraria Almedina, 1997 (reimpressão da edição de 1973).

David, René. *Os grandes sistemas do Direito Contemporâneo.* 3ª ed. Tradução de Hermínio A. Carvalho. São Paulo: Martins Fontes, 1998.

Dworkin, Ronald. *Levando os direitos a sério.* Tradução de Nelson Boeira. São Paulo: Martins Fontes, 2002.

Engish, Karl. *Introdução ao Pensamento Jurídico.* 7ª ed. Tradução de J. Baptista Machado. Lisboa: Fundação Calouste Gulbenkian, 1996.

Ferraz Junior, Tércio Sampaio. *Introdução ao estudo do Direito: técnica, decisão, dominação.* 4ª ed. São Paulo: Atlas, 2003.

Gilissen, John. *Introdução histórica ao Direito.* 3ª ed. Tradução de A. M. Hespanha e L. M. Macaísta Malheiros. Lisboa: Fundação Calouste Gulbenkian, 2001.

Gonçalves, Marcos Peixoto Mello. "Sentido do Tridimensionalismo em Miguel Reale." In: *Revista Brasileira de Filosofia.* Vol. LIV. Órgão Oficial do Instituto Brasileiro de Filosofia.

Godoy, Claudio Luiz Bueno de. *Função social do contrato.* São Paulo: Saraiva, 2004.

Guerra Filho, Willis Santiago. *Hermenêutica constitucional, direitos fundamentais e princípio da proporcionalidade*, Hermenêutica Plural.

Hassemer, Winfried, Frankfurt a. M. "Sistema jurídico e codificação: a vinculação do juiz à lei." In: Hassemer, W. e Kaufmann, A. (orgs.). *Introdução à filosofia do Direito e à teoria do Direito contemporâneas.* Tradução de Marcos Keel. Lisboa: Fundação Calouste Gulbenkian, 2002.

Kelsen, Hans. *Teoria Pura do Direito.* Tradução de João Batista Machado, 2ª ed. São Paulo: Martins Fontes, 1987.

Kolb, Robert. *La bonne foi en droit international public. Contribution à l'étude des principes généraux de droit.* Genève: Publications de L'Institut Universitaire de Hautes Études Internationales, 2000.

Lafer, Celso. *A reconstrução dos direitos humanos: um diálogo com o pensamento de Hannah Arendt.* São Paulo: Companhia das Letras, 2003.

______. *A internacionalização dos Direitos Humanos. Constituição, Racismo e Relações Internacionais*. São Paulo: Manole, 2005.

______. "Filosofia do Direito e princípios gerais: considerações sobre a pergunta 'O que é a filosofia do Direito?'." In: *O que é a Filosofia do Direito?* São Paulo: Manole, 2004.

Larenz, Karl. *Derecho de Obligaciones, tomo I*. Madri: Revista de Derecho Privado, 1958.

______. *Metodologia da Ciência do Direito*. 3ª ed. Tradução de José Lamego. Lisboa: Fundação Calouste Gulbenkian, 1997.

Lima Vaz, Henrique C. *Antropologia Filosófica I*. 6ª ed. São Paulo: Edições Loyola, 2001.

______. *Introdução à ética filosófica 2*. São Paulo: Edições Loyola, 2000.

Lopes, José Reinaldo Lima. "Direito Civil e Direito do Consumidor." In: *Código de Defesa do Consumidor e o Código Civil de 2002. Convergências e Assimetrias*. São Paulo: Revista dos Tribunais, 2005.

Lopez, Teresa Ancona. *O dano estético*. 2ª ed. São Paulo: Revista dos Tribunais, 1999.

Lorenzetti, Ricardo Luis. *Fundamentos do Direito Privado*. Tradução de Vera Maria Jacob de Fradera. São Paulo: Revista dos Tribunais, 1998.

Luhmann, Niklas. *Legitimação pelo procedimento*. Tradução de Maria da Conceição Côrte-Real. Brasília, DF: Universidade de Brasília, 1980.

Marky, Thomas. *Curso elementar de Direito romano*. 4ª ed. São Paulo: Saraiva.

Macedo Jr., Ronaldo Porto. *Contratos relacionais e Defesa do Consumidor*. São Paulo: Max Limonad, 1998.

Marques, Cláudia Lima. *Contratos no Código de Defesa do Consumidor: o novo regime das relações contratuais*. 4ª ed. São Paulo: Revista dos Tribunais, 2002.

Martins-Costa, Judith. *A boa-fé no Direito Privado*. São Paulo: Revista dos Tribunais, 1999.

______. & Branco, Gerson Luiz Carlos. *Diretrizes teóricas do Novo Código Civil brasileiro*. São Paulo: Saraiva, 2002.

Menezes Cordeiro, Antônio Manuel da Rocha e. *Da boa-fé no Direito Civil*. Coimbra: Livraria Almedina, 2001.

Negreiros, Teresa. *Teoria do contrato. Novos paradigmas*. Rio de Janeiro: Renovar, 2002.

Nery, Rosa. "Idéias do mundo antigo. A equação do justo e os direitos das obrigações." In: *Revista de Direito Privado*, nº 20, RT.

Neves, A. Castanheira. *Metodologia Jurídica. Problemas fundamentais*. Coimbra: Coimbra Editora, 1993.

Noronha, Fernando. *O Direito dos Contratos e seus princípios fundamentais.* São Paulo: Saraiva, 1994.

Pacífico, Luiz Eduardo Boaventura. *O ônus da prova no Direito Processual Civil.* São Paulo: Revista dos Tribunais, 2000.

Pasqualotto, Adalberto. "A boa-fé nas obrigações civis." In: *O ensino jurídico no limiar do novo século.* Edição comemorativa do cinqüentenário da Faculdade de Direito da PUCRS. Porto Alegre: EDIPUCRS, 1997.

Pereira, Caio Mário da Silva. *Instituições de Direito Civil.* 18ª ed., v. 1. Rio de Janeiro: Forense, 1996.

Perelman, Chaïm. *Ética e Direito.* Tradução de Maria Ermantina Galvão. São Paulo: Martins Fontes, 2002.

______. *Tratado da Argumentação.* Tradução de Maria Ermantina Galvão. São Paulo: Martins Fontes, 1999.

______. *Les Notions à Contenu Variable en Droit, Essai de Synthèse.* Bruxelles: Établissements Emile Bruylant, 1984.

Platão. *A República.* 9ª ed. Tradução de Maria Helena da Rocha Pereira. Lisboa: Fundação Calouste Gulbenkian, 2001.

Prado, Lídia Reis de Almeida. "A Lógica do Razoável na Interpretação Jurídica (Segundo Luís Recaséns Siches)." In: *Justiça e Democracia - Revista Semestral de Informação e Debate,* nº 2. Publicação Oficial da Associação Juízes para Democracia, 1996.

Rials, Stéphane. *Les Standards, Notions Critiques du Droit.* Bruxelles: Établissements Emile Bruylant, 1984.

Ripert, Georges. *A regra moral nas obrigações civis.* Tradução da 3ª edição francesa por Osório de Oliveira. São Paulo: Bookseller, 2000.

Reale, Miguel. *Filosofia do Direito.* 20ª ed. São Paulo: Saraiva, 2002.

______. *Teoria Tridimensional do Direito.* 5ª ed. Editora Saraiva, 1994.

Recaséns siches, Luiz. *Experiência jurídica, naturaleza de la cosa y lógica razonable.* México: Fondo de Cultura Econômica, 1971.

______. *Le Raisonnement Juridique.* Hubert Hubien, 1971.

Ross, Alf. *Direito e justiça.* Tradução de Edson Bini. Bauru, SP: Edipro, 2000.

Sacco, Rodolfo. *Digesto delle Discipline Privatistiche: Sez. Civile,* v. II. Torino: Utet, 1988.

Sarmento, Daniel. "Os princípios constitucionais e a ponderação de bens." In: *Teoria dos Direitos Fundamentais.* 2ª ed Ricardo Lobo Torres (org.). Rio de Janeiro: Renovar.

Silva, Luis Renato Ferreira da. "A função social do contrato no Novo Código Civil e sua conexão com a solidariedade social." In: *O Novo Código Civil e a Constituição.* Porto Alegre: Livraria do Advogado Editora, 2003.

Tepedino, Gustavo. *Temas de Direito Civil*. 2ª ed. Rio de Janeiro: Renovar, 2001.

Timm, Luciano Benetti. "O novo paradigma contratual: O Direito social como uma nova racionalidade normativista sociológica." In: *Código de Defesa do Consumidor e o Código Civil de 2002: convergências e assimetrias*. São Paulo: Revista dos Tribunais, 2005.

Tugendhat, Ernst. *Lições sobre ética*. 4ª ed. Tradução de Róbson Ramos dos Reis, Aloísio Ruedell, Fernando Pio de Almeida Fleck, Ernildo Stein, Joãosinho Beckenkamp, Marianne Kolb e Mario Fleig (Grupo de doutorandos de filosofia da Universidade do RS). Petrópolis, RJ: Vozes, 2000.

Varella, João de Matos Antunes. *Das obrigações em geral*. 10ª ed. Coimbra: Almedina, 2000.

Viehweg, Theodor. *Tópica e Jurisprudência*. Tradução de Tércio Sampaio Ferraz Jr. Brasília: Departamento de Imprensa Nacional, 1979.

Villey, Michel. *Filosofia do Direito: definições e fins do direito. Os meios do direito*. Tradução de Márcia Valéria Martinez de Aguiar. São Paulo: Martins Fontes, 2003.

Wieacker, Franz. *El principio de la buena fe*. Tradução de Jose Luis de los Mozos. Madrid: Civitas, 1976.

______. *História do Direito Privado Moderno*. 2. ed. Tradução de A. M. Botelho Hespanha. Lisboa: Fundação Calouste Gulbenkian, 1967.

Zagrebelsky, Gustavo. *El Derecho Dúctil. Ley, Derechos, Justicia*. 5ª ed. Tradução de Marina Gascón. Madrid: Trotta, 2003.

Zoller, Elisabeth. "Bonne Foi." In: *Dictionnaire de la Culture Juridique*, dir Denis Alland e Stéphane Rials, PUF.

Este livro foi impresso nas oficinas gráficas da Editora Vozes Ltda.,
Rua Frei Luís, 100 – Petrópolis, RJ,
com papel fornecido pelo editor.